経営学史学会編

〔第十七輯〕

経営学の展開と組織概念

文眞堂

巻頭の言

経営学史学会理事長　高　橋　由　明

経営学史学会第十七回全国大会は、二〇〇九年五月十五日から十七日まで、中部大学（名古屋キャンパス）で、辻村宏和大会実行委員長のもとで開催されました。「経営理論と組織概念」が統一テーマで、サブテーマ①「組織概念の学史的変遷」では、この論題に関してアメリカ、ドイツにおける組織概念の変遷とポスト官僚制組織概念について三人の会員により報告がなされました。②サブテーマ「現代経営理論と組織論の展開」に関する論題では、実証的戦略研究の組織観、組織学習論の組織観、ステークホルダー論の組織観のテーマで、三人の会員により報告がなされました。それぞれの分野で第一線の研究を進めてきた会員の日ごろの研鑽の結果が遺憾なく発揮され、さらに討論者により論点が深められ、さらにフロアーからの鋭い質問に対しても真摯な応答がなされ、この統一論題に関するテーマでの各論点がより深められたと確信しています。

自由論題でも、中堅と若手研究者六人による報告がなされました。いずれの報告も、先行研究をより発展させる論点を含むもので、学史学会の学説研究の発展を前に進めるものであったものと信じます。経営学史学会年報も第十七輯を発刊するに至りました。会員相互が切磋琢磨し、この年報がますます充実し、経営学説研究の深化に寄与できることを願い、巻頭の言とします。

目　次

Ⅰ　趣旨説明

経営理論と組織概念

第六期運営委員会

組織は、管理とともに、どの時代の経営学的研究においても中心的な研究主題であった。組織の研究が変わることなく重要視されつづけてきたのは、管理についても同じことがいえるのであるが、第一に、経営学的研究が前提としているどんな協業（協働）も、組織という契機を不可欠としているからである。そうでありながら第二に、組織の形態と具体的なありようは、一つにして不変ではなくて、複数にして変異しうるし、しかも営まれる協業の成否と効率は、組織の形態とありように大きく左右されるからである。実際またこの結果として、第三に、組織の形態とありようは歴史的に変化してきたのであった。

したがって、各時代の経営学的研究はそれぞれ組織とその諸現象の研究に従事し、新たな解明と理論化をめざしたのであるが、その際、新たに出現した組織形態、新たに発見した組織のありように格別の注意を向け、従来のものとの比較において組織理解にとっての理論的含意を引き出そうとした。そして、それを組み入れて経営理論をつくりだそうと努力したのであった。

経営学の歴史的発展は、組織研究のこうした努力と理論的な前進に大いに依存していた。また、こうも言えよう。過去の経営理論書のなかで、今日でも多くの人々の関心を引き続けているものの大半は、組織の新しい姿と新しい理解を提示し、組織概念を更新していたものである、と。

組織研究は以上のような次第で、経営学的研究全体において重要な位置を占めてきた。しかもこのことは、今後も同様であろうと考えられる。そのことに基づいて、次回大会では、「経営理論と組織概念」を統一論題としたいのだが、その第一のサブテーマ「組織概念の学史的変遷」では、組織概念の変遷と経営理論の発展との関係を学史のなかで追跡したい。そうするのはもちろん、本学会が学史学会であるからであるが、しかしそればかりでない。たとえば晩年まで組織の定義論議に否定的な態度をとりつづけたJ・G・マーチが挙げていた理由、すなわち定義論自体は空疎な水掛け論に陥りがちであるという危険をさけることもできよう。

また、この学史的追跡は、アメリカとドイツに分けて行いたい。というのは、周知のように、「組織」という言葉は、英語でもドイツ語でも、「組織体」と「(組織化活動の結果としての）規則や構造」の両方を指すにもかかわらず、組織概念の規定の仕方に傾向的な違いが見られたからである。そしてこれには、アメリカでは管理研究・組織研究が当初から、行政管理と企業の両方にわたって進められたのに対して、ドイツの経営学では企業の組織に限定しつつ行われてきたことが、少なからず関係していたように思われる。

第一サブテーマではさらに、一九八〇年代後半に登場したポストモダン組織論や九〇年代以後のポスト官僚制組織論と“New Organization Forms”論など、最近の組織研究を別立てで取り出し、それらでは組織が従来の組織とどのような相違において捉えられ、それら組織の諸特徴は何に求められているのかを検討したい。

第二のサブテーマ「現代経営理論と組織論の展開」で考えているのは、次のような問い、すなわち、経営学においてこの間ずっと重要視され特別の関心が寄せられてきた各問題領域の研究では、それぞれどのような組織の捉え方から出発されているのだろうか、またそうした各問題領域の研究はどのような新たな組織理解をもたらしつつあり、またもたらすことが期待されているだろうか、という問いである。取り上げる問題領域としては、実証的戦略研究、組織学習論、ステークホルダー論の三領域を予定している。

まず、「組織は戦略に従う」というテーゼに始まった戦略研究は、その確認的実証研究、逆に「戦略は組織に従う」というテーゼを打ち出す研究などを経て、戦略計画論として理論的に離陸した。その後、戦略研究は、組織を重視する戦略経営論、組織がもつ資源やその獲得・活用メカニズム、組織能力に注目し、それを実証研究として展開してきた。そこには組織観の変容と発展深化が見られる。しかしながら、組織観のこの変容と発展深化は、まだそれ自体としては跡づけられてはいないようである。実証的戦略研究は、どのような組織観のもとに展開されてきたのであり、実証研究を通じてどのような組織理解が得られようとしているのであろうか。

次に、組織学習論において研究されているのは、(個人のではなくて) 組織の学習とはそもそもどういうことをいうのかということと、情報の獲得、組織の知識への変換 (構造への沈殿)、学習の逆機能、忘却と学習棄却、などである。これらの研究成果は、組織のありようと組織理解にどのような意味をもっているのだろうか。

最後に、株主主権体制が組織のあり方と作用様式に与えるだろう作用については、すでにある程度まで議論されてきた。ところが、それとは対照的に、ステークホルダー論では、ステークホルダー論の立場を採用するときの組織領域にとっての含意と帰結はほとんど議論されてこなかったようである。このことは、ひょっとしてステークホルダー論者が採用している組織観が関係しているのであろうか。それともステークホルダー論では、たとえば企業の政治システム論とでも呼ぶべき構想が、今、新たに用意されつつあるのであろうか。

以上が、この大会の統一論題と二つのサブテーマの趣旨である。

Ⅱ　経営理論と組織概念

一　経営理論における組織概念の生成と展開

庭本佳和

一　今なぜ組織概念（組織観）を問うのか

法学や経済学に比べて、経営学は若い学問である。その歴史をたどっても、たかだか百年にしかならない。もちろん、経営現象を生み出し動かす組織・管理現象が、新しいのではない。それどころか、それらは人類の歴史とともにある。弱小哺乳動物である人間は、狩りをはじめ、何をするにも協働せざるを得なかった。法が成立する前から、組織し、管理してきたのである。その方法や仕方が、人類が最初につくった原初的法であった。やがてそれらは原始共同体、さらに村落共同体の暗黙のルールとなり、現代に繋がる法となっていった。

プリミティブな段階でも協働は効率を高める専門化を生む。その協働が生存水準を超える特定財の生産を可能にし、余剰を交換に回すようになると、経済現象の発現だ。その交換の場の市（いち）を概念化したものが、経済学の中核概念の市場である。このように考えれば、おそらく組織現象が経済現象に先行したであろう。

古代において、組織や管理の存在を形で示しているのが、巨大な遺跡や建造物である。これを目の当たりにすると、どれほどの協働とそれを支える手立て、つまり組織や管理の知識やスキルが必要だったかは、誰でもわかる。もっとも、それを必要としたのは、古代から近代に至るまで主として国家であり、支配者であった。協働を必要とする事業は、しばしば政治として決定され、定められた法の執行＝行政として遂行されたこともあって、それらを対象にした学問は政治学や行政学として成立した。血は繋がっていないが、いわば経営学の祖先だ。

国家とそれに類する経営体以外に、組織や管理を問題にしなければならない経営体が現れたのは、産業革命後だ。それが一定規模に達した企業であった。経営学はようやく対象を得た。もちろん、学問の成立は対象となる現象の出現よりさらに遅れる。前史を含めても経営学の歴史が百数十年しかないのは、そのためである。

それから百年を経た今日、企業の発展は質量とも凄まじく、組織や管理は誰でも経験する現象となった。それらは企業を超えて広がり、その考察を引き受けた経営学の対象は、今や国家や都市、大学などの非営利経営体にまで拡大している。管理視点からの組織の考察が、学問としての経営学の成立基盤の一つだとすれば、組織は、管理とともに、どの時代の経営学研究でも中心テーマであった。当然、研究蓄積はある。

それにもかかわらず、これまでの組織研究が展開した組織概念は、「分析対象（考察対象）としての組織現象を把握するための概念なのか」あるいは「ある組織現象を分析する道具としての概念なのか」を自覚的に区別し、また両者の繋がりを十分意識して展開してこなかった。それどころか、考察対象として組織現象を把握する組織概念間で、組織の意味さえ異なっていることもある。また、実証的組織研究や戦略研究、組織学習論、ステークホルダー論がどのような組織観（分析武器）に立脚しているかも必ずしも明らかでない。いずれもが、組織研究、ひいては経営学研究の混乱を招く一因となっている。ここに経営学史学会第十七回大会が、統一論題に「経営理論と組織概念」を掲げ、組織を全体的視野に収め、かつ学史的視点からこれに迫ろうとする理由もある。

このような課題の解明に向けて、本大会は第一サブテーマ「組織概念の学史的変遷」、第二サブテーマ「現代経営理論と組織論の展開」を設定した。前者は分析対象としての組織概念の析出を、後者は分析道具としての組織概念を駆使し、組織研究の新たな展開を狙っている。各サブテーマのもとに配置された報告は、独自の観点からなされるとはいえ、それぞれこのような課題を背負っている。以下は、各サブテーマの位置と意味をもう少し述べて、各報告の背景理解の一助を試みるとともに、本大会では「何が足らざるか」を指摘しておきたい。

二　経営理論における組織概念の生成――把握（分析）対象としての組織概念――

1　管理概念と組織概念の交織――アメリカ経営理論における組織概念の変遷――

管理論として生れたアメリカ経営学は、当初より組織を重視したが、ほぼ構造の意味で捉えていた。そこでは、権限と責任の配分ないしパターン、地位や役割ないし職務が重要な構成要素であった。たとえば、科学的管理法によって経営学を確立したテイラーの職能的職長制度は、組織形態論と職長職能の分業的役割論にほかならない。

テイラーが管理を科学化（管理標準の科学的設定）して追求したものは、経営合理性、とりわけ生産合理性だった。これを、生産レベルを超えて、経営全体ではかる必要性を訴えたのが、H・ファヨール（1841-1925）である。彼は、生産、販売、財務といった経営職能以外に、それらを貫き統合する管理職能を認識し分析した。ファヨールによれば、管理するとは予測し、組織し、命令し、調整し、統制することである（H・ファヨール／佐々木恒男訳『産業ならびに一般の管理』（1916）、訳書（一九七二）未來社）。簡単に表現すれば、計画→執行→統制からなるマネジメントサイクルにおいて、執行する協働行為を継続的に提供するための職務体系（役割）が組織と把握されていた。

ファヨールの管理職能論は、一九四〇年代後半から五〇年代にアメリカに受け継がれ、管理過程論として発展した。W・N・ニューマンやH・クーンツ＝G・オードンネルらが代表的論者であり、管理の諸原則を論じた彼らの著作が経営学の標準的テキストとして普及し、今日でもその影響力は強い。ここでも、組織は管理過程の一要素にすぎず、職務の体系からなる構造と理解されていた。つまり考察対象としての組織を「構造」と概念化したのである。この構造的組織観が、組織現象を分析するための概念枠組になってゆく。

経営史における組織現象分析にも、この組織概念が駆使された。A・D・チャンドラーの『戦略と組織（*Strategy and Structure*）』（1962）がそれを端的に示している。この著作で明らかにされた命題（「組織は戦略に従う（structure follows strategy）」）が経営戦略研究を切り開くにあたって大きな影響を与えた。ここで組織とは「活動と資源を配分し管理する枠組」、つまり構造なのである。企業が新事業による成長戦略（＝多角化戦略）をとれば、職能別組織では資源の効率的活用が難しく、それに適した組織的工夫が必要となる。それが事業部制組織だ。チャンドラーは、このように戦略と組織の適合関係を一般命題化したが、戦略変化に伴う組織変化を、分析道具としての組織概念（＝構造的組織観）の限界から、職能別から事業部制への組織形態変化としか描けなかった。後年、分析道具としての組織概念を、組織構造から組織能力へ変更したのも、この限界を打破するためであった。

組織現象を把握する道具としての「静態的・構造的組織概念」の限界を早くから認識していたのが、実務家・C・I・バーナードであった。彼の経験と従来の概念枠組とは乖離があり、自らの管理体験や組織体験が記述できないという焦燥感が、『経営者の役割（*The Functions of the Executive*）』（1938）の執筆に向かわせた。とりわけ、マネジメント・プロセスを環境適応過程と捉えたバーナードにあっては、組織を静態的な構造において把握するのではなく、構造と能力を生みだし創り変える力に注目せざるを得ない。ここに組織を活動において捉えるバーナードの動態的・活動的組織観が成立する。コミュニケーション、共通目的、協働意思が組織成立の要素であるが、特にコミュニケーションと活動が重視されている。「組織（構造）はコミュニケーション・システム」「人でも資本でもなく、調整された活動および活動の連結が組織」という彼の考え方は、組織現象把握に広がりを与え、今日のネットワーク組織観や組織間関係（実は組織）論への理論的基礎を提供しているだろう。

バーナードによって「二人以上の人々の意識的に調整された活動ないし諸力のシステム」と定義された組織概念は、彼自身が体験した組織現象から抽出・抽象化された概念構成であり、理念型組織にほかならない。この理念型組織を分析武器として、具体的な協働システム・レベルで現れる単位組織の制約要因を明らかにし、複合組織の構造と諸要素、非公式組織の機能を解明しただけではない。さらに組織価値（組織道徳）の重要性を炙り出し、価値を帯びた組織（公式組織と非公式組織が一体となった制度）とその自律性ないし回帰性を照射した。したがって、バーナード理論の中においては、定義された組織概念（理念型組織）が分析道具であり、単位組織、複合組織とその諸要素、制度化した組織などが、分析対象という論理構成になっている。もっとも、バーナードにとっては分析対象であった組織現象も、彼によって概念化された後の私たちには、もう分析道具である。

いずれにしても、アメリカ経営学における組織概念は、構造的組織観と（価値的組織観を含む）活動的組織観の間で揺れながら展開してきた。両者の決定的違いは、前者の場合、組織はどこまでも道具（手段）であって、客体にとどまるのに対して、後者では、実態はともかく、組織自体が主体たり得る理論的可能性を秘めている点にある。いわゆる自己組織である。これを「組織変革」で説明すれば、構造的組織観に立つ限り、「組織を変える」変革主体は組織の外部、具体的にはリーダーに求めざるを得ない。リーダーシップに過剰な説明負荷がかかるのは、このためだ（英雄史観）。後者では、リーダーシップは「組織が変る」触媒に過ぎず、変革主体は環境を認識し、戦略を創造（事業構想）し、戦略実行を担う組織それ自体となる。分析道具としての組織概念を語るとき、この点の理解が重要であろう。組織学習論一つを例にとっても、それは明らかだ。以上が中條報告の背景である。

2　経営経済概念と組織概念の行方――ドイツ経営学における組織概念の変遷――

実践性を志向しつつも、商科大学昇格を担う中心科目として生まれたドイツ経営学は、当初から高い学問性を要請された。これに応えるために、既に学問体系を確立していた経済学の方法が導入されたのである。ここにドイツ経営学は経営の経済的側面の研究である経営経済学として成立する。同時にドイツ経営学は、学問的自律性をめぐって揺れ動く宿命も背負わねばならなかった。ここにドイツ経営学に方法論争が激しかった理由もある。

経営経済学として成立したドイツ経営学と組織論の関係を、ドイツ経営学に疎い報告者が言及できるはずもなく、丹沢報告に譲らざるを得ないが、素人ゆえの素朴な疑問を提示することで責めを果したことにする。

まず、ドイツ経営学が経営の経済的側面の研究である経営経済学として成立するとすれば、そもそも「組織論とは原理的に相容れないのではないのか」という思いを抱く。この問いは無知ゆえの疑念なのかもしれない。しかし、早くからH・ニックリッシュ組織論をはじめとする組織研究の蓄積があるにもかかわらず、経営経済学として成立したためか、組織研究がドイツ経営学に正統な地位を占めていたとは思えない。それは、近代経済学の手法を導入して戦後長くドイツ経営学の主流の地位にあったE・グーテンベルク『経営経済学原理　全三巻』（1951-1969）に著しい。ちなみに、本学会設立十周年記念事業として編纂された『経営学史事典』の「組織の理論」の項でも、官僚制論との関連でウェーバーへの言及はあるものの、ドイツの組織研究に一切触れられていない。これは、ドイツ経営学における組織研究に対する本学会の暗黙の評価と受けとめてもいいのだろうか。

そのグーテンベルクも、一九六二年に『企業管理論―組織と意思決定―』を著して、自己の研究を経営経済学から企業管理理論へ大きく舵を切った。アメリカ経営学の影響と実践的要請があったであろうが、そこで展開した組織論は、活動的組織観の流れを汲むサイモンと管理過程学派の巨頭クーンツの所説が混在している。だが、基本的な組織理解は後者である。当然、彼にあっては、組織は道具であり、「企業は組織をもつ」という立場になろう。ところがグーテンベルクと親密なE・ハイネンは、さらに進んで「経営経済は組織だ（Die Betriebswirtschaft ist eine Organisation)」(*Einführung in die Betriebswirtschaftslehre*, 1968, S.47. 溝口一雄監訳『経営経済学入門』千倉書房、一九七三年、四五頁）と言う。両者の組織観は明らかに異なるが、わが国のドイツ経営学研究者はこれをどのように受けとめてきたのか。それは「経営経済は組織であると言い切れるほど、両概念は同質概念なのか」という素朴な疑念である。もう少し言えば、「経営経済」と「企業」と「経営」と「組織」の関係と、その変質である。この点を明確にしない限り、ドイツ経営学における組織概念は、分析道具（記述道具）たり得ないだろう。

「経営経済は組織である」という主張は、言葉の意味を厳密に解釈すれば、明らかに語義矛盾である。それにもかかわらず、ドイツ経営学研究者の間でこの主張が通用してきたとすれば、二つの理由が考えられる。

一つは、ハイネンが経営経済学を「人間行動とかかわる社会科学」と規定した上で、その独立の根拠を「経済学的」考察からではなく、経営経済学の実践的—規範的科学の性質に求めているところにあるだろう（*Einführung*, SS. 264-265. 訳書三一〇頁）。さらに一九七一年論文では、その独自性が「経験対象『経営経済』に由来する」ことを明らかにした。経営経済学の経験対象である人間行動を伴う「経営経済」は、思考の産物ではなく、具体的な日常経験であり、それが経営経済的な認識努力の基礎になる（*Einführung*, S. 13）との主張も合せると、彼は「経営経済」という表現で、経験対象の「経営」を「経済」において認識しているのではなく、経験対象即認識対象となっており、経営そのものを問題にしていると解さざるを得ない。つまり「経営（経済）は組織」なのである。

いま一つは、「経営経済」概念が意味するものの拡張ないし変質である。「経営経済」の「経営」とは、目的を達成する生産現場の技術単位と理解される「経営」とは異なって、具体的には資本結合としての企業ないし個別資本を指していたはずだ。ドイツ経営学において、企業が所有単位、財務単位と見なされてきたのは、そして企業と経営がしばしば同義に扱われたのは、このためである。経営経済学が営利追求の学でなく、経済性を解明する学問だと言い訳ができたのも、企業の経済的側面の研究だからであった。しかし、「経営経済は組織である」との主張は、「経営経済」で財務単位にとどまる企業（狭義企業）ではなく、組織を内包した経営体としての企業（広義企業）を指している。時を経るにつれ、言葉の意味するものは変化するのは常であるが、これは明らかに経営経済概念の拡張であり、変質である。この点をドイツ経営学研究者はどのように処理してきたのだろうか。

いずれであれ、経営経済が組織だとすれば、経営経済学の名のもとに経営組織論や企業管理論を展開することが可能となる。それは当然、組織論や管理論がドイツ経営学の中核部分を担い、組織論や管理論の新たな展開が、経営経済学の発展と見なす時代の到来を示唆しているはずだ。もちろん、学問の伝統が異なり、科学方法論の影響力の強さが未だ異なろうが、一九八〇年代以降のドイツ経営学は、ドイツ経営学の固有の問いや課題を失い、ドイツ語圏の経営学というほどの意味でしかないのだろうか。最近のドイツ経営学、そして若手ドイツ経営学研究者の業績に触れるとき、そのような思いを抱かざるを得ない。確かに、各国経営学間の違いは小さくなった。それでも、アメリカ経営学が管理（主体の作用）概念とのかかわりから組織概念を鍛え、ドイツ経営学が経営経済（本来は客体）概念との関係で組織概念を展開してきたとすれば、両者の組織概念に微妙な差異があっても不思議ではない。差異があるとすれば、それが分析対象として、さらに分析道具として、どのような違いをもたらすのだろうか。逆に、もし差異がないとすれば、私たちはドイツ経営学を学ぶ意義をどこに見出すのだろうか。

三　現代経営理論と組織論の展開――分析（記述）道具としての組織概念――

現代経営学において組織論の占める位置は大きい。それはアメリカ経営学だけでなく、今やドイツ経営学においても、組織論の新たな展開が経営理論の発展を決定するまでになった。その組織論も、現代経営における組織現象の多様性を反映して、さまざまな展開を見せている。そこで本大会では、最近、研究が大きく進展した「実証的組織・戦略研究」、「組織学習論」、「ステークホルダー論」がどのような組織観に依拠し、どのような新たな組織理解を導き出せるのか、あるいは、それら研究が立脚した組織観が適切であったかに迫ろうとするものである。もちろん、独自の観点からなされる報告はこの問題意識に響き合わないかもしれないが、接点はあるだろう。

1　実証的戦略研究・組織研究の組織観――実証前提・分析道具としての組織概念の吟味――

経営学研究において、今、実証研究が全盛である。もっとも、学説・理論研究をはるかに超える高い実践性を標榜し、また一般にもそのように信じられている実証研究であるが、現実に経営の問題点を指摘し、実践的示唆を与えた例を寡聞にして知らない。その理由は、おそらく沼上報告によって明らかになるだろうが、実証研究で明らかならざるもの、少なくともそれが困難なもの（組織過程）を明らかにしようとした結果のように思われる。

わが国で実証研究が本格化したのは、一九七〇年代から八〇年代（世界的には六〇年代以降）にかけてのコンティンジェンシー理論研究からで、吉原・佐久間・伊丹・加護野『日本企業の多角化戦略』（一九八一）と加護野・野中・榊原・奥村『日米企業の経営比較』（一九八三）はその代表的研究である。とりわけ後者はコンティンジェンシー理論の枠組で見出した発見事実をワイクの影響下に解釈して、グループ・ダイナミックスによる「主体的に大きなバリエーション（イノベーション）を創発させていくことが重要」と結論づけ、ルールによる組織統合

（ビュロクラティック・ダイナミックス）を背後に追いやった。これを基礎に、その後多くの実証研究がなされた。しかし、見逃してならないのは、コンティンジェンシー理論は構造的組織観に立っていることだ。そのため、発見事実も、その解釈も構造に基礎づけられ、構造に回帰せねば意味をなさない。これを、活動的組織観に立脚し、組織過程に焦点があるワイク理論で解釈するのは、無理がある。また、組織過程の実証研究はかなり困難なことも自覚しておかねばならないだろう。多くの研究が、成功物語や例示で終わるのは、そのためだ。

経営機能を担う組織能力は、組織過程を構成する活動の質と水準が決定するが、その組織過程における活動の質と水準を左右するものが組織構造だという理解が実証研究者には重要であろう。協働の促進要因も疎外要因も組織構造に内在するからだ。もともと実証研究は構造の解明に向いている。ここに切り込んだ最近の沼上・他の研究『組織の重さ』（二〇〇七）は、その限りでは、理に適っている。沼上報告は、この認識を基礎になされよう。

2　組織学習論の組織観――組織概念と主体性――

本大会の報告テーマで組織観の違い、とりわけ組織と主体性の問題が最も鮮明に浮かび上がるのが、組織学習論である。組織学習論は、「学習主体が組織か、あるいは個人か」を明確にしなければならないからだ。

組織学習論が関心をもたれるようになったのは、アメリカでは日本企業に苦戦を強いられた一九八〇年代以降、わが国の場合、バブル崩壊後の一九九〇年代からである。いずれも、組織能力の向上と競争力の回復という問題に直面していた。組織学習論は、組織的知識創造論とも結びついて、その切り札にも見えたことが大きかった。

組織学習研究文献は、G・アージリスらの『組織学習（*Organizational Learning*）』（1978）から語りだすことが多いが、R・M・サイアート＝J・G・マーチ『企業の行動理論（*A Behavioral Theory of the Firm*）』（1963）で既に「組織学習」が重要な概念になっていた。彼らは「組織は学習する、つまり組織が個々の人間が行うのと同じ学習過程を通して学習すると想定することは余りにも幼稚のようであるが、」と断りつつ、「組織は（他の社会制度がするように）適応行動を示す」（p. 123）と強調した。この理解が彼らに経験と学習の重要性を認識させたが、それはバーナードが源流の「活動的組織観」をサイモン経由で受け継いだことで可能となった。活動の調整主体が組織それ自体であるバーナード的組織観は、「学習主体は組織」という主張に容易に行き着くからである。

サイアートとともに組織学習論を切り開いたマーチだが、一九八〇年代から一九九〇年にかけて、「慣れ親しんだ能力の罠（competency trap）」や「思い込み学習（superstitious learning）」に言及して、ユートピア的組織学習論に警鐘をならしつつ、再び組織学習を語り、それを生かす道を探っているのが興味深い。安藤報告が、どのような組織観のもとに、これを含めた組織学習をめぐる諸問題をどう裁くのだろうか。

3　ステークホルダー論の組織観・企業観

かつての利害者集団（interest group）論も含めれば、ステークホルダー論は必ずしも新しいとは言えないが、近年の企業の社会的責任論、いわゆるＣＳＲ論やコーポレートガバナンス論とともに、一般化した言葉である。ただ、「ステークホルダーの組織観」という報告テーマは、他の二報告とは異質な印象を与えるかもしれない。

既に述べたように、本大会は統一論題「経営理論と組織概念」のもとに、第一サブテーマで組織概念を抽出し、第二サブテーマでは、その抽出された組織概念やその他の組織観に意識的、無意識的に立脚して展開した具体的な組織・戦略研究を、その道の研究者に開陳してもらうことが狙いである。実証的組織・戦略報告も、組織学習報告も、そうだ。報告者が自覚的か否かはともかく、その組織観の適否がどうであれ、聴き手はそこに組織概念や組織観を読み取ることができる。しかし、ステークホルダー論はそれが容易ではない。

ステークホルダー論の組織観の析出を、ステークホルダー論者、ＣＳＲ論者、あるいはコーポレートガバナンス研究者といった専門家に委ねる手もあった。しかし、専門領域で当然視されていることは、専門家には盲点であることが多い。ステークホルダー論では、むしろ素人とも言える組織論専攻者に報告依頼し、それを委ねたのも、そのためであった。この試みが成功するか否かは藤井報告の組織認識にかかっているだろう。

四　現代経営における組織現象の把握と展開——残された問題：分析道具としての組織概念の展開——

以上のような本大会に足らざるものがあるとすれば、「現代経営における組織現象の把握と展開」だろう。具体的にいえば、現代経営を解明する組織概念の構築である。もちろん、これは経営理論の歴史的・学説的考察が中心課題の経営学史学会の守備範囲を超えているかもしれない。しかし、現代経営現象、その中核を占める組織現象を把握し、分析する道具としてどのような組織概念が有効か、従来の組織概念では何が足りないのかを明らかにして、それを新たに展開させる様相を明らかにできれば、経営学史的貢献でもある。

そのような可能性をもつものとして、報告者が一九八〇年代前半から注目していたのが、組織能力概念だった（庭本一九八四論文、『バーナード経営学の展開』第十一章）。組織は執行機能だけでなく、環境認識機能、戦略創造（事業構想）機能などの経営機能を担っており、まさに組織能力が経営能力の基盤である。この主張は活動的組織観および組織の主体性と表裏一体でもある。既述したように、組織能力の水準を直接に規定するのは、組織過程を構成する調整された活動の水準であるが、紙面の制約から、組織過程（機能＝調整された活動）—学習↓組織価値（意味）—判断・戦略↓組織構造（役割）—役割行為↓組織過程（機能）↓のループにおいて決定される（山本・加藤編『経営発展論』十四章、庭本：一九九六）と指摘するだけで終えざるを得ない。

なお、文献は本文に記した。その他を含めて、巻末参考文献を参照していただきたい。

二　ドイツ経営組織論の潮流と二つの組織概念

丹沢安治

一　はじめに

ドイツにおける経営組織研究は、一九〇〇年代初頭の科学的管理法、フォーディズムだけでなく、戦後のシステム論、行動科学、新制度派経済学など、米国の経営組織研究の影響を大きく受けている。しかしにもかかわらずその最大の特徴は、ドイツ経営経済学そのものが方法論研究とともに発展し、その中で組織研究も展開してきたことだろう。

そこで、本報告では、Frese, E.（1991）、Kieser, A.（1998）を中心に、ドイツにおける経営組織研究を概観し、その特質として「契約の束としての組織観」と「複雑系システムとしての組織観」という二つの組織概念を抽出したうえで、方法論的背景を分析してみよう。ドイツにおいて、方法論研究は一九八〇年代以降、存在感を減少させているが、本分析によって二つの組織観の統合を試み、今後のドイツのみならず、英米、日本での組織研究の展開に対するドイツ的な貢献の可能性を探りたい。

二　ドイツ経営組織論における二つの潮流

組織研究そのものは、古くは紀元前二七〇〇年のエジプトにおけるピラミッド建設の包括的な作業調整にかんする諸規則に遡るものであり、また、産業革命以前では、国家、軍隊、教会において何千年もの歴史を持っている（Kieser, 1998, S. 334）。

しかし学術的な意味で組織論と呼べる成果が現れたのは、産業革命以後に企業が大規模化し、その集権化と分業の必要性を経済学者たちが問題にし始めたころであった。たとえば、ドイツにおいては、一八六八年のEmminghaus, Aの*Allgemeine Gewerkslehre*がその嚆矢であるとされ、生産組織のデザインにかかわる、エンジニア・アプローチが一八七〇年ごろ製造業において現れたと言われている。今日的な言い方をすれば、意思決定権の分権化と再統一が主張された（Kieser, A., 1998, S. 335, Frese, E. 1991, S. 45）。

産業革命がもたらした組織環境の最大の変化は、製造機械の投入と分業の拡大であった（Frese, A., 1991, S. 55）。体系的な工業経営については実験的手法に基づく組織原理を展開したTaylor, F. W. の科学的管理法を抜きにして語れない。これらは一九〇〇年ごろドイツのエンジニアの注目を集め、一九一三年には『科学的管理法原理』が翻訳され、テーラリズムはドイツ化された。また、フォーディズムは、テーラリズムから出て、流れ作業を特徴としつつ導入された（Kieser, A., 1998, S. 335）。組織を対象とするという視点から見ると、この時代の組織問題のとらえ方には二つの流れがあった（Frese, E., 1991, S. 88）。第一は、組織の実践と関連した問題設定であり、工場組織のテーマについては多くの研究があったが、経営経済学としては影響力は少なかったとも言われている。第二のものは、例外的に理論的な研究で、Nicklish, H. の哲学的な組織論であったが、経営経済学においてはよく引用されたが影響力はなかったと評価されている (Kieser, A., 1998, S. 335)。英米からの応用心理学の成果の導入も含め、ここまでの主に生産領域にかかわる組織研究が、ドイツにおける経営組織論前史といえよう。

一九三〇年代になって、組織研究をめぐる問題状況は大きく変わった。一九二八年から一九三四年までに六冊の組織論研究書が公刊された。それは、Le Coutre の *Betriebsorganisation* (1928) であり、一九三二年の Nordsiek, F. の *Die schaubildliche Erfassung und Untersuchung der Betriebsorganisation*’ であり、一九三二年の Seidel, K. の *Betriebsorganisation*’ 一九三四年の Nordsiek, F. の *Grundlagen der Organisationslehre* であり、一九三四年の Hennig, W. K. による *Einführung in die betriebswirtschaftliche Organisationslehre* であり、そして一九三四年の Riester, R. の *Organisation in Wirtschaftsbetrieben* である (Frese, E., 1991, S. 90, Kieser, A., 1998, S. 336)。

独立した学科としての確立は、両研究 (Frese, E., 1991, Kieser, A., 1998) とも、一九二八年から一九三四年までに現れたこれらの六つの著作によるとしている。これらはみな組織研究の成果を体系化しようとする試みだった。その中でも、Le Coutre と Seidel, K. は、実践関連性は少なく、大きな影響を与えなかったといわれながら、かれらは、組織とは「器官を有機的組織に合目的的に結合したものである。」と考える、組織の有機体観を持っていた。それに対して Nordsiek, F. は、その体系性と実践性という点から高く評価されている。かれは、それまでの実験的な研究をまとめ、組織を Regelungen のシステムと定義し、Aufbauorganisation と Ablauforganisation の区別を導入した。これらは組織という対象への二つの異なる投影である。この業績はその後のドイツ経営組織論の源流となった。彼をもって古典的経営組織論は始まったと評価されている (Frese, E., 1991, S. 87, 92, Kieser, A., 1998, S. 336)。

この時代に組織研究が興隆し、学科として成立した理由については、Frese, E. によると、一九二六年に“Gesellschaft für Organisation”が設立されたこと、一九二七年に、雑誌 *Organisation*（現在の *Zeitschrift der Organisation*）が発行されたことに関係しているだろうと言われている（Frese, E., 1991, S. 89, note 202）。

第二次世界大戦後は、Ulrich（1949）、Kosiol（1962）が Nordsiek, F. の研究を発展させた。特筆すべきことは、一九六〇年に初めて Grochla がマンハイム大学にて組織論の講座を持ち（Kieser, A., 1998, S. 337）、ドイツの大学ではやっと六〇年代になってから独立した学科として受け入れられたことだろう（Kieser, A., 1998, S. 337）。また、戦後は英米の影響はさらに大きく、六〇年代の終わりに、米国から組織行動論が導入され、さらに、七〇年代には、状況的アプローチがイギリスから導入された。またこれらのアプローチにおいては、八〇年代に経験的な研究が行われた（Kieser, A., 1998, S. 337）。さらに行動科学的意思決定論からサイバネティクス―システム論的アプローチが起こった。（Kirsch, 1971）これは部分的に自己組織化に基づく、進化論的なアプローチを持っていた。同時に、意思決定論的方法の中に、オペレーションズリサーチを取り入れた（Laux, 1979）、経済学的なアプローチもあった。また数理的アプローチもあった（Schueler, 1980）。進化論的アプローチは、ポピュレーションエコロジーも含めて地歩を確立することはできなかったが、八〇年代には、組織文化研究がある程度興隆したといえよう。

しかしドイツ経営経済学という枠組みで考えると、組織論として大きな影響を持ったのは新制度派経済学から見た組織論であった。ドイツ経営経済学における多数派である Gutenberg, E. の衣鉢を継ぐ研究者たちの支持を受けるとともに意思決定論的アプローチの Heinen, E. の後継者である Picot, A. が米国におけるこのアプローチの研究と並行して研究を進めた（Kieser, A., 1998, S. 338）。

以上のように、ドイツ経営組織研究の潮流を概観すると、大別して二つの潮流を見出すことができる。第一の潮流は、産業革命直後からの、生産の現場での分業と集権化を検討した経済学者による研究から、その後の産業革命の進行とともに導入された科学的管理法に続き、Nordsiek, F. の古典的業績があって、戦後の新制度派的経済学から見た組織分析につながるものである。そして第二の潮流は、その周辺にあって必ずしも一貫したものではないが、Nicklish, H, Le Courte そして戦後のポピュレーションエコロジー、自己組織化のコンセプトを用いる進化論的アプローチに連なり、組織の有機体観を共通して持つものである。

ではこのような二つの異なる潮流の本質的な違いはなんだろうか。それを分析するためには方法論的なレベルでの道具立てを用いねばならない。次節においてそれを行ってみよう。ドイツ経営経済学説に対する方法論的研究については、小島三郎教授の方法論史的研究が詳しい（小島、一九六五、一九六八）。また、丹沢が（一九八九b）において取引費用の経済学、（一九八九a）において行動理論的アプローチ、そして（一九九五a）においてポピュレーションエコロジーを、また、（一九九八）において、自己組織化に基づくアプローチを方法論的に分析してきた。これらの研究において開発されたアプローチを用いて、ドイツ経営組織論の潮流の中に二つの組織観を見出してみよう。

三　科学的研究プログラムの方法論

ドイツ経営組織論に見られる二つの組織研究の潮流は、単に組織の異なる側面に注目しているが故の相違だけではなく、科学観の相違に求められる。そこで科学哲学の領域から、学説や理論、調査研究の研究スタイルを構造化し、「知識の体系」として一般的に経営学を検討するための分析ツールを取り出す必要がある。

Lakato, I. の科学的研究プログラムの方法論（MSRP：Methodology of Scientific Research Program）によると、「(ひとまとまりになった理論とか説明の試みの総称としての）科学的研究プログラムはそのハードコア

(hard core) によって特徴づけられる。……。このコアの周囲には補助仮説が防御帯を形成している。」(Lakatos, I., 1970) ハードコアとは、研究プログラムを構成する一連の理論が前提とする認識論上の前提（彼はこれを形而上学的前提と呼んでいる）と、典型的な問題（すなわちパラダイム問題）を説明した理論的構想である。ハード・コアはその研究プログラムの輪郭を示すもっとも基本的な構成要素であるとともに、世界観や、形而上学的前提を含んでいるので、経験的テストによって真か偽かを問う性質のものではない。それに対して、防御帯 (protective belt) における補助仮説（説明モデル）は、理論的構想をさまざまな現象に当てはめた説明のためのモデルであり、経験的なテストに服する必要がある。Kuhn, T. の用語では、パズル・ソルビングに対応している。本稿では、補助仮説という用語が Popper, K. によって異なる意味で用いられているため説明モデルと言い換えている (Popper, K., 1934, S. 51)。

図１　理論あるいはモデルを分析するための統一的フレームワーク

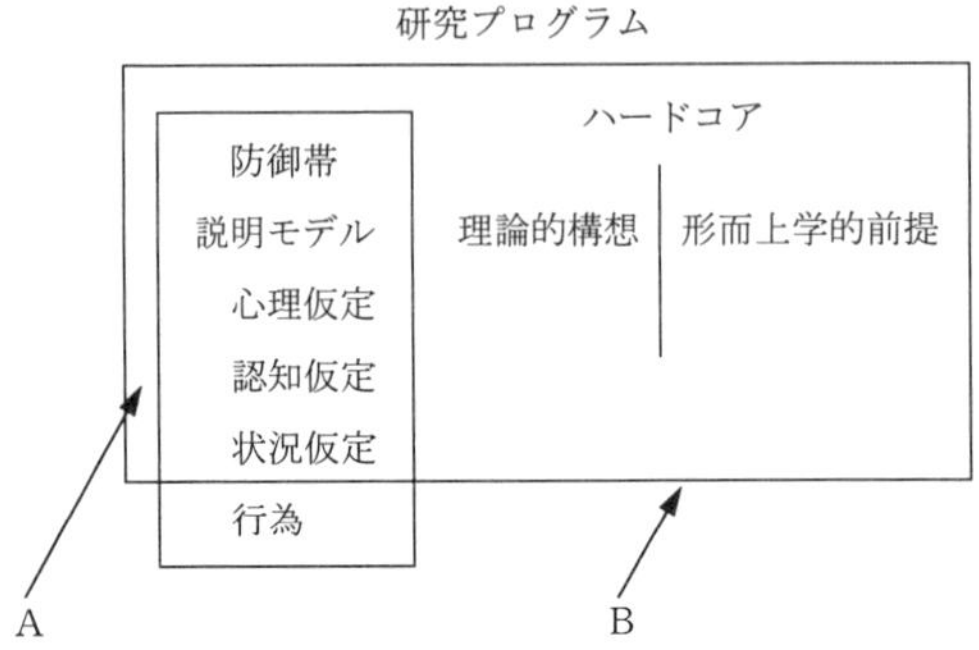

新古典派経済学の完全競争条件などの仮定は、Lakatos の用語で理論的構想に属するものであるが、実際に新古典派経済学の方法論的分析を試みた、Fulton, G. は、そのハード・コアにはすべての経済現象を個々の経済行為者の決定が引き起こしたものとしてモデルを組み立てるという態度、つまり方法論的個人主義や行為者はすべての代替案を知っていて最善のものを選択するという合理性の仮定など、形而上学的な前提が見出されるとした。(Fulton, G., 1984)

Lakatos, I. の MSRP に Fulton, G. の分析の試みを取り入れて、まとめてみよう。図1のように、新制度派的なアプローチであれ、有機体観に基づくアプローチであれ、説明の対象となるのは、組織にかかわる人間の行為であろう。「行為」の説明のためには、Aでくくられた説明モデルと言われるモデルが示される。防御帯における説明モデルの背後には、Bでくくられるような理論的構想と、いちいち言及されることはないが、形而上学的前提が存在する。理論的構想はふつう、その研究プログラムのもっとも基本的なパラダイム問題を説明するさいに用いられたさまざまな仮定の組立を示すものであり、その理論の典型的な心理仮定、状況仮定などの内容、たとえば、行動仮定などを含んでいる。それに対して形而上学的前提は、世界観、暗黙知などを含んでいる（丹沢（一九八九a）、（一九八九b）、（一九九五））。

本稿で分析の対象となっている二つの組織研究の潮流もこの説明モデルと理論的構想、形而上学的前提の相違がみられる。それらの違いは、特に理論的構想の設定の仕方を左右する形而上学的前提の取り方の違いに求められる。

四　二つのドイツ経営組織論の潮流における二つの組織観

1　グーテンベルグ学派と Picot, A. の新制度派経済学に基づく組織観

ドイツ経営経済学は、英米における「経営学」と異なり、自然発生したというよりも、「上からの要請」によって発生したことはよく知られている（小島、一九六五）。したがって本質的に体系的であり、そのカバーする領域は広く、経営管理・戦略のみならず企業会計、マーケティングを含む企業経営全般に関する研究を総称している。また、ミクロ経済学の成果を取り入れた Gutenberg, E. が戦後の経営経済学界において大きな地歩を築いたこと

から、新古典派経済学と同じ方法論を採用し、英米的にいえば、マネジリアル・エコノミクスとして分類される研究が、大きな潮流となっていた（小島、一九六八）。

現在でもアメリカのCoase, R.（1937）、Williamson, O.（1975, 1985）らの新制度派経済学と呼ばれるアプローチを導入する研究者が、なお大きなグループであり続けているGutenberg, E.の後継者たちから好意的に受け入れられているし、特にミュンヒェン大学においてHeinen, E.の講座を引き継いだPicot, A.による取引費用の経済学、所有権理論、エージェンシー理論といった新制度派経済学と総称される三つのアプローチを用いた、IT（情報テクノロジー）の進展に伴う経営・組織問題の研究は注目に値する。これらの研究は、学史的に概観するならば、アダムスミスの分業論、工業経営論の伝統に基づくアプローチであるといえよう。

すでに八〇年代に、Gutenberg, E.の弟子の中でもっとも代表的な研究者であるアルバッハ、H.*は、「取引費用の経済学によってはじめてミクロ経済理論においても組織の分析が行われるようになった」と指摘し（Albach, H.他（一九八七）『現代ドイツ経営学』千倉書房）このアプローチをGutenberg研究と比較し、取引費用の概念を取り入れるべきであるとしている。さらに財務論の分野ではHax, H.が、マーケティングの分野でKaas, K. P.が取引費用の経済学を取り入れている。Gutenberg, E.の経営経済学が、企業現象を個人の意思決定に還元し、決定論的モデルを組み立てるという方法論的個人主義を採用している点で方法論的にミクロ経済学に近く、かれらは新制度派経済学に極めて好意的であったといえるだろう。

Kieser, A.（1994）は、ドイツ経営組織論に自己組織化のコンセプトを核とするザンクトガレンアプローチと方法論的にはグーテンベルグ学派、新制度派経済学に近いアプローチの、二つの進化的管理論を識別し、評価している。

2　ザンクト・ガレン・アプローチと自己組織化

しかしまた今日的には、Luhmann, N.やHabermas, J.のような思想家の存在の前で、戦前の有機体的経営組織論の流れを汲む進化的管理論（evolutionäres Management）の影響力もまたFrese, E. Kieser（1991）の指摘以上に大きい。今日のドイツ経営経済学における特徴の一つは、この両アプローチの相克と統合の試みであるといえるだろう。

事業部制、セル生産システムなどの組織構造、終身雇用、人材派遣といった慣行は、有効な経営管理上の用具であるが、その有効性は理論的に万能の処方箋として正当化されているわけではない。組織の有機体観を前提とする、ザンクト・ガレン・アプローチにおいては、このような道具はHayekの主張する自生的秩序をつうじてルールとして徐々に成長したものである（Kieser, A., 1994）。

すなわち、Malik, A. F., Probst, G., Dyllick, Th.などは、これらの組織構造や慣行は、意図的な行動の意図されざる帰結として進化的に導かれたものであるという。このプロセスを自己組織化（Selbstorganisation）とし、経営陣による合理的なデザインを《外からの組織化》（Fremdorganisation）と呼んで、対比している（Kieser, A., 1994）。

かれらは、環境に対する適応能力を維持するため、システムは、多様性を持たねばならないとし、自己組織化を通じて形成されるルールと適応能力を保つために多様性を保持する必要性を強調する。合理的な意思決定を前提とする、テクノクラート的思考は、システムとしての企業の複雑性を破壊し、企業の適応能力を損なうという。多様性を維持するために、詳細な規則を持たない自律的なシステムを形成し、新しい問題を作り出すために「ゆらぎ」が許容される。ここで進化的経営管理とは、多様性を維持するとともに、多様性を生みだす条件を作ることであるといえよう。

実践的な含意を考えると、たとえば、多様性を維持し、進化のプロセスの触媒となるという立場から、分権的な意思決定構造である事業部制、セル生産方式などのようにグループの成果に責任を持ち、タスクを自分で決定し、作業を自分でコントロールする自己調整的作業グループがあげられよう。これらは、システム理論や中枢神経システムとのアナロジーを通じて主張されるのである。

3　方法論的特質の分析による二つの組織観の抽出

図2　新制度派経済学的組織論の理論構造

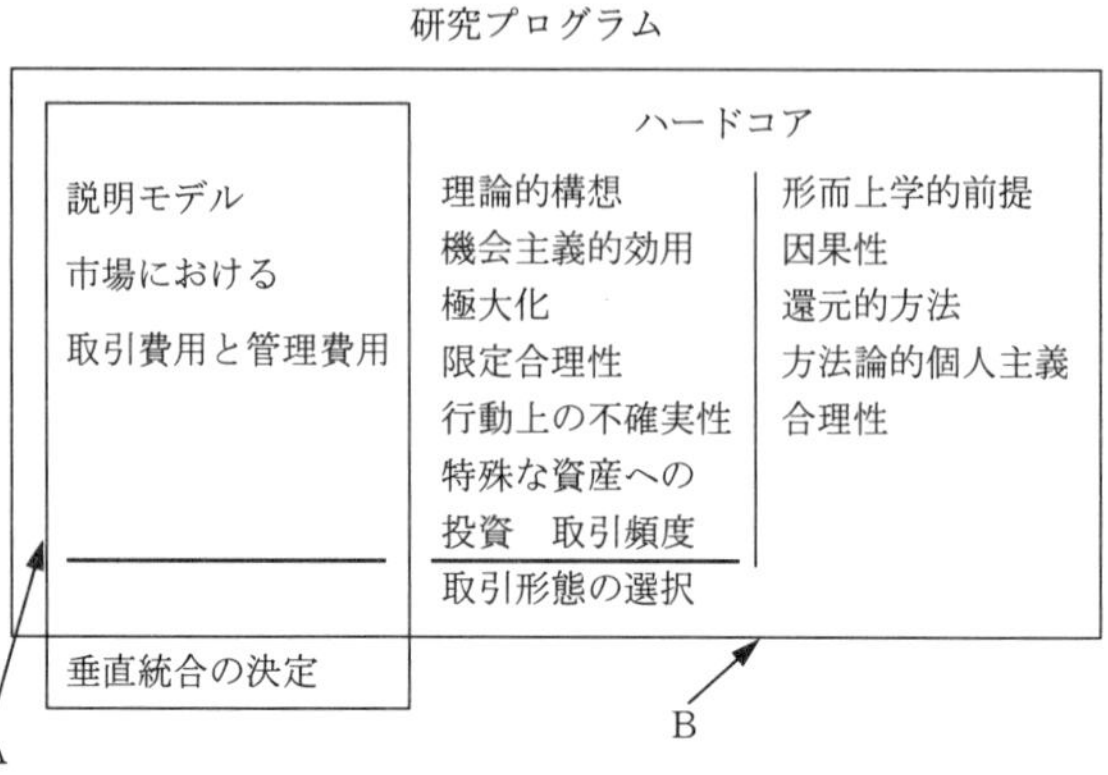

以下において、グーテンベルグ学派とPicotらの新制度派的組織概念とザンクト・ガレンアプローチの主張する有機体的組織観を、特にその方法論的側面に光を当てて、比較してみよう。Lakatos, I. の科学的研究プログラムの方法論から比較すべき基準を引き出すと、第一に形而上学的前提、第二に理論的構想にかかわる仮定、そして第三に、この事象の説明モデルに注目すべきことになる。以下においてこの三点について分析してみよう。

(1)　新制度派経済学的な組織論の理論構造とその組織観

グーテンベルグおよびPicotらの組織観の根底にある最大の方法論的特質は、方法論的個人主義であろう。方法論的個人主義とは、社会現象（この場合は組織現象）を説明するためには、その現象が個人の意思決定の結果として引き起こされたと前提してモデルを組み立てることを要求する考え方である。このような要請の背後には、さらに因果律についての前提があるが、これはさらに根本に横たわるものであり、同時に言及すべきは、還元的アプローチを採用せよという要請だろう。

還元的方法とは、その行為なり現象が、現れたことが、必然的な結果となるようなモデルを要素に分解して組み立てよ、という要請であるともいえる。合理性の仮定については、ミクロ経済学的な実質的合理性を仮定するグループと限定合理性を仮定するグループとで、揺れがあるように思われる。図2では、理論的な典型的説明として取引費用の経済学の理論的構想と説明モデルを示している。

このような理論構造をもつアプローチにおいては、組織観は、組織という研究対象が個人としての行為者による契約に分解されることから、「契約の束としての組織」であるといえよう。

(2)　ザンクト・ガレンアプローチの理論構造とその組織観

説明する対象は、集合現象としての組織構造、慣習であり、経済的な行為者ではない。進化論的なアプローチを採用し、創発性を主張することから、還元的方法を採用せず、方法論的集団主義を内包している。理論的な典型的説明は、何らかの組織形態、慣行が変異として現れ、淘汰プロセスを経て、生き残るというものである。説明モデルはこのプロセスを各テーマに当てはめたものとなる。しかしその自生的意義を考えると、多様性の維持、進化プロセスの進行を促すような提案しか見られない。逆にそれくらいしかできないという含意がある。これらのことから、組織は個々人の意思決定のモデルに還元されない、個人の相互作用の結果生じているとみなされている。したがって、ここにおける組織観は、

図３　ザンクトガレン・アプローチの理論構造

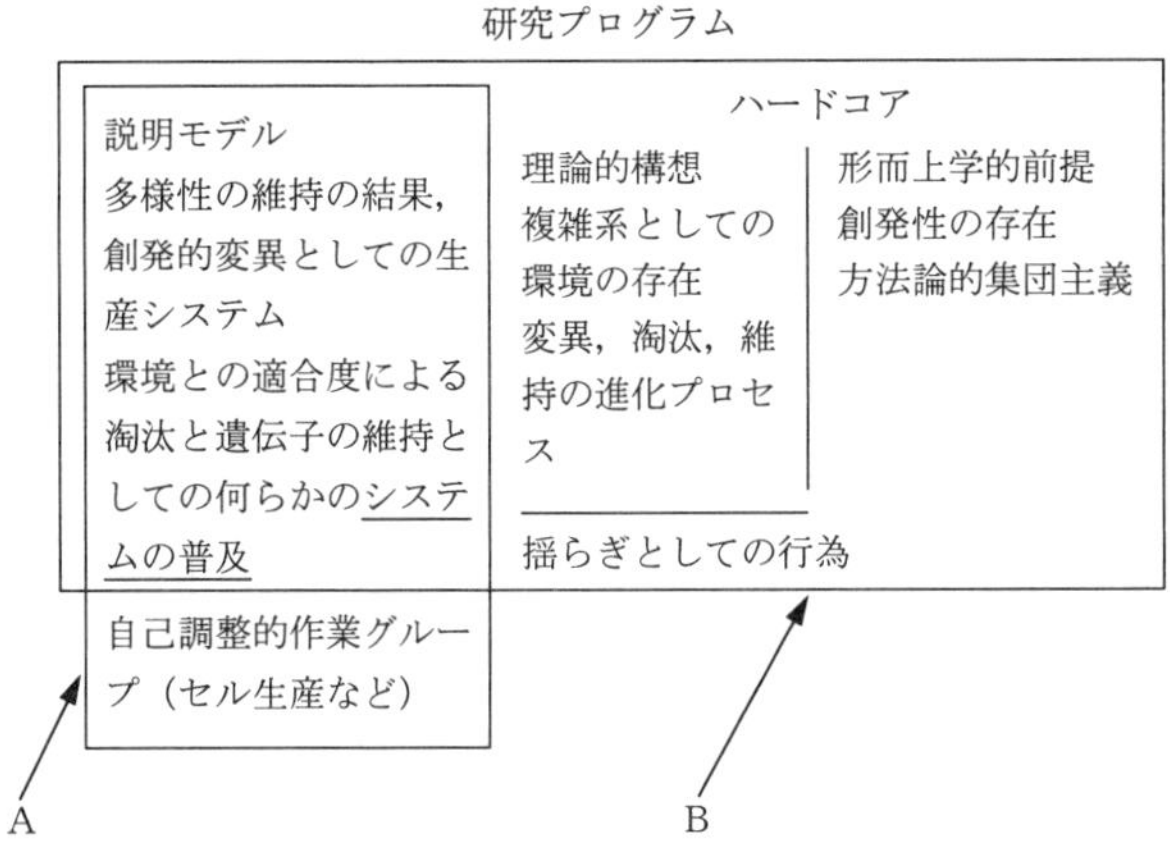

「複雑系システムとしての組織」といえよう。

五　おわりに――二つの潮流と統合の試み――

「契約の束としての組織」、「複雑系システムとしての組織」というこの二つの組織観の併存が、ドイツ経営組織論の現状であるといえよう。実際には前者が常に主流であり、後者が周辺的な存在であったという歴史的な経緯からか、後者は常に方法論的な視点から、前者を厳しく批判する傾向が強く、それに対して、前者は後者の主張を取り入れ、統合しようとする姿勢が強い。たとえば、進化論的な自己組織化のプロセスが企業組織に見られることを前提として、決定論的なあるいは、方法論的個人主義に基づくアプローチを形成しようとする統合の試みが、今後のドイツ経営組織論の進む道であるかもしれない。

たとえば、Kirsch, W.（1992）、Knyphausen, D. zu（1991）らのミュンヒェン・アプローチにはその萌芽が見られるが、もっとも有力なアプローチは、Picot, A. の二〇〇一年のドイツ経営経済学会における報告がその典型的な、試みであり（Picot, A., 2001）、それにDietl, H., Franck, E. を含めた、グループだろう。丹沢も九〇年代以降、同グループとの接触から、丹沢（二〇〇〇ａ）、（二〇〇〇ｂ）、（二〇〇一）などの研究を行っている。たとえば、Picot, A. は、まずいかなる素性を持つにせよ、新しいビジネスモデルを「（乖離すると）社会的に制裁を加えられる制度」（Dietl, Helmut, 1993）と認識し、進化論的な淘汰のメカニズムを導入することにより、彼の新制度派経済学の枠組みとの接点を設ける。そしてさらに、これらの制度には、自己組織化のプロセスを経て成立した基本的制度（fundamentalen Institutionen）と、その枠組みの中で行為者によって適応的にデザインされるつまり、外からの組織化に相当する二次的制度（sekundäre Institutionen）と識別する。たとえば、資本主義といった社会システムの枠組み、ドイツや日本特有のコーポレート・ガバナンスなどはこの基本的制度に該当し、自己組織化に由来するものだろう。しかし、この枠組みの中での適応は、計画的な経営管理上の用具を使うものであり、二次的制度であろう。後者は、新制度派的な取引費用、そして所有権の配分、エージェンシー・コストの分析に基づき、方法論的個人主義を前提した人為的な組織化に他ならない。彼は新制度派経済学に基づくモデルが、当然のことであるが、万能の処方箋でないことを認めることで、自己組織化現象を包摂するアプローチを個人主義的進化論的アプローチとして提案している。ここに二つの組織観は統合される可能性があるといえるだろう。

参考文献

Albach, H., "Kosten, Transaktionen und externe Effekte im betrieblichen Rechnungswesen," *ZfB*, 58Jg., H. 11, 1988.

Coase, R., "Nature of the Firm," in: *THE FIRM, THE MARKET, AND THE LAW*, 1934.（宮沢健一・後藤　晃・藤垣芳文訳『企業の本質『企業・市場・法』東洋経済新報社、一九九二年。）

Dietl, Helmut, *Institutionen und Zeit*, Tübingen, 1993.

Emminghaus, A., *Allgemeine Gewerkslehre*, Berlin, 1868.

Frese, E., *Grundlagen der Organisation*, Gabler, 1991.

Fulton, G., "Research Programmes in economics," *History of Political Economy*, 16-2, Duke University Press, 1984, pp. 187-205.

Hax, H., "Theorie der Unternehmung- Information, Anreize und Vertragsgestaltung," in: *Betriebswirtschaftslehre und Ökonomische Theorie*, Ordeheide, D./ Rudolph, B./Büsselmann, E. Hrsg. C. E. Poeschel, 1990.

Hennig, W. K., *Einführung in die betriebswirtschaftliche Organisationslehre*, J. Springer, 1934.

Kaas, K. P., Marketing und Neue Institutionen Ökonomik. In: Kontrakte, Geschäftsbeziehungen, Netzwerke-Marketing und Neue Institutionen Ökonomik. *ZfbF* Sonderheft 35, 1995.

Kieser, A., "Fremdorganisation, Selbstorganisation und evolutionäres Management," in *ZfbF*, 46, 3, 1994.

Kieser, A., "Geschichte der Organisationslehre," *WiSt*, Heft 7, Juli, 1998, S. 334-340.

Kirsch, W., *Kommunikativen Handeln, Autopoiese, Rationalität, Sondierungen zu einer evolutionären Führungslehre*, München, 1992.

Knyphausen, D. zu, "Selbstorganisation und Führung," in: *Die Unternehung*, 45 Jg., 1991.

小島三郎『ドイツ経験主義経営経済学の研究』、商学研究叢書、慶応義塾大学商学会編、慶応義塾大学商学会、一九六五年。
小島三郎『戦後西ドイツ経営経済学の展開』慶応通信、一九六八年。
Lakatos, I., "Falsification and the Methodology of Scientific Research Programmes," in: *Criticism and the Growth of Knowledge,* I. Lakatos/A. Musgrave ed., Cambridge University Press, 1970.
Le Coutre, W., *Betriebsorganisation.* In: Handelshochscule, Berlin, 1928.
Malik, F./Probst, G., "Evolutionäres Management," in: *Die Unternehmung,* 35. Jg., 1981.
Nordsieck, F., *Die schaubildliche Erfassung und Untersuchung der Betribsorganisation,* Stuttgart, 1932.
Nordsiek, F., *Grundlagen der Organisationslehre,* Stuttgart, 1934.
Picot, A., "Ökonomische Theorien der Organisation-Ein Überblick über neuere Ansätze und deren betriebswirtschaftliches Anwendungspotential," in: *Betriebswirtschaftslehre und Ökonomische Theorie,* Ordeheide, D./Rudolph, B. Büsselmann, E. Hrsg. C. E. Poeschel, 1990.
Picot, A./Ripperger, T./Wolff, B., "The Fading Boundaries of the Firm: The Role of Information and Communication Technology," in: *JITE,* vol. 152, 1996.
Picot, A., Evolution von Institutionen und Management des Wandels, 63. Jahrestagung des Verbandes der Hochschullehrer für Betriebswirtschaft e.V. *Unternehmensentwicklung in Wettbewerb,* Gabler Verlag, 2001.
Popper, K. R., *Ligik der Forschung,* 4. verbesserte. Auflage 1971, J. C. B. Mohr Tübingen, 1934.（森　博・大内義一訳『科学的発見の論理（上）（下）』恒星社厚生閣、一九七一年。）
Riester, W., *Organisation in Wirtschaftsbetrieben,* Diss. TH Berlin, 1934.
Seidel, K., *Betriebsorganisation,* Berlin/Wien, 1932.
丹沢安治「行動理論的経営経済学の理論構造」『専修経営学論集』第47号、一九八九年ａ、一五九―一九三頁。
丹沢安治「取引費用理論の理論構造」『専修大学経営研究所報』第86号、一九八九年ｂ、一―二四頁。
丹沢安治「組織論における新たな研究プログラム―ポピュレーション・エコロジーの学説史的分析―」『専修大学経営研究所　専修経営研究年報』第一九集、一九九五年、五五―七三頁。
丹沢安治「自己組織化現象と新制度派経済学の組織論」、経営学史学会編『経営学研究のフロンティア』第三部一三章、文眞堂、一九九八年、一七九―一九三頁。
丹沢安治「進化する組織形態：アウトソーシングにおける自生とデザイン」『専修経営学論集』六六号、専修大学経営学会、二〇〇〇年ａ、八五―一三〇頁。
丹沢安治『新制度派経済学による組織研究の基礎』白桃書房、二〇〇〇年ｂ。

Tanzawa, Y., "Chancen des neuen japanischen Managements-Die Evolution des Outsourcings in Japan," *Konzernmanagement,* Horst Albach, Gabler Verlag, 2001, SS. 79-105.

丹沢安治「現代ドイツ経営経済学における二つの潮流」、経営学史学会編『経営学史事典』文眞堂、二〇〇二年。

Williamson, O., *Markets and Hierarchies : Analysis and Antitrust Implications,* Macmillan, 1975.（浅沼萬里・岩崎　晃訳『市場と企業組織』日本評論社、一九八〇年。）

Williamson, O., *The Economic Institutions of Capitalism : Firms, Markets, Relational Contracting,* Free Pr. 1985.

三　ヴェーバー官僚制論再考
——ポスト官僚制組織概念と組織人の自由——

小阪隆秀

一　時代の根本的な文化問題

マックス・ヴェーバーは、世俗内的禁欲に励むカルヴィニズムの職業倫理と、そこから生まれてきた西欧の確立期資本主義と官僚制化がもたらす大きな歴史的変化を、われわれに提示した。その分析の核心は、資本主義的な市場と合理的な経営組織としての官僚制との相互促進的に規制し合うシステムの存在であり、そこに課せられた機能としての形式合理性という「鉄の檻」のなかで生きていかねばならない人間の運命についてであった。ヴェーバーは、そのような人間をニーチェの『ツァラトゥストラ』の中の語句を引用し、「最後の人間」と呼んだ。

このようなヴェーバーの提起した官僚制化という問題は、近代西欧の合理化過程が経済と社会をどのように変えていったか、そして、その時代の「人間」にどのような影響を及ぼしていったか、を問うものであった。この二つの問題は、今日においても、「官僚制組織」の本質を議論する場合には、避けて通るわけにはいかないだろう。二十一世紀に入ってわれわれが経験している資本主義社会の深刻な変化のもつ本質的な意味を分析するためには、ヴェーバーの理論枠組みに戻ることが有益であり、また必要であると思われる。すなわち、われわれはヴェーバーが析出した課題をまだ十分には解決していないのではないか、「最後の人間」になりつつあるのではないだろうか。

周知のように、現代の資本主義は、グローバル化が進展するのとともに、新たな貨幣資本主義へと質的な変化を遂げていくかに見えた。しかし、百年に一度ともいわれる世界的な経済危機に見舞われることになった。この危機にどのように対処し、そこからどのような発展経路を見つけ出すことができるかは、まだ定かではない。だが、資本主義の新たな発展を模索するためには、それが生成してきた原点へと回帰し、その制度を支えてきた経営組織（官僚制組織）の本質について、改めて検討を加えることはやはり必要なことであろう。本稿において、ヴェーバーが提起した問題の意味を、ポスト官僚制概念の検討とともに、現代が直面している課題に即して改めて検討する。ヴェーバー官僚制論を「再考」する所以である。

二　資本主義制度における市場と官僚制組織

組織理論の発展は、概略すると、官僚制組織の精緻化とその克服をめぐって展開されてきた、ということができよう。共通の目的を実現するために互いに協力するという組織そのものの成立は人類の歴史とともに古いといわねばならない。だが、支配の手段としての体系性を備えた官僚制組織の成立ということになれば、古くは、古代エジプトにおいて、また古代中国において、大規模な形で登場したものが初期の形態ということになるだろう。(1) しかし、これらの官僚制組織は、支配・服従関係が厳しい身分制度によって決められていたり、物理的暴力装置を背景にして機能していた点で、資本主義制度のもとでの経営組織とは本質的に異なっていた。すなわち、資本主義制度のもとでの経営組織は、基本的に、「自由」な個人の参加を前提にしており、また市場における競争関係のなかで存続・発展すべきことを運命づけられている。

このような市場と組織の関係をさらに掘り下げて見ていくと、次のような「相互依存的対抗関係」から成り立っているということができる。もとより、資本主義制度のもとでの財とサービスに対する需要と供給は、市場を媒介して行われることになる。そして、その財とサービスの生産と流通を担っているのが企業である。市場にゆだねられている重要な機能は、社会全体の資源の配分を「見えざる手」を使って効率的に行うことである。それに対して、企業（組織）は、自らがかかわっている生産と流通のための資源や人員の配分についての機能を、自己の統制（「見える手」）のもとに置こうとする。さらに企業は、「見えざる手」が支配している市場のなかで、自らの「見える手」の領域ないし範囲を拡大しようとする。企業は、本来市場がもつことになる機能を、自らの組織の中に取り込もうとして、その組織規模を拡大していくことになる。このように市場と組織は、互いに依存し合っていると同時に、「見えざる手」と「見える手」との対抗的な関係にも置かれている。すなわち、市場と組織の間には、「相互依存的対抗関係」が組み込まれているということができよう。

企業組織にとって「見える手」とは、管理者（官僚）たちによる管理的調整機能のことであるが、この機能の充実のためには当然トップ・ミドル・ロワーのマネジメント層の拡充が必要になってくる。マネジメントの階層構造の形成にともなって組織の規模も拡大していく。このようにして規模の拡大してきた組織が官僚制組織であり、その組織の構造と機能、およびその組織の生成と発展を説明する理論が、官僚制組織論である。官僚制組織の生成と発展についての具体的な歴史的過程については、A・D・チャンドラーJr.によって詳しく実証的に論じられた。[2] チャンドラーはヴェーバーの理論に全く触れてはいないが、階層構造の形成過程についての概念的な整理はヴェーバー理論にきわめて相似している。だが、歴史的な実証性においてひときわ優れている。

チャンドラーによると、アメリカ資本主義の発展を担うことになる近代企業は一八四〇年代になってはじめて生まれてくることになる。そのような企業は、(1)多数の異なった事業単位から構成されていること、(2)階層的に組織された俸給経営者（管理者）によって管理されていること、によって定義される。またチャンドラーは、この近代企業が出現してきた経緯を、次の三つの命題で明らかにした。すなわち、①「市場メカニズムによる調整」（「見えざる手」）に対する「組織内での管理的調整」（「見える手」）の優越性（生産性・コスト・利潤）、②管理のための階層制組織の創設、③新しい技術の登場と市場の拡大にともない、経済活動量が増大した経済部門・産業において、市場メカニズムによる調整よりも組織内での管理的調整の方がいっそう有利になるために、近代企業が登場する、という命題である。

そして、ひとたび出現した近代企業がいかにして持続的な成長を可能にしたかを説明するために、次の五つの命題を体系的に提示する。すなわち、④階層制管理組織における管理者の継続的な世代交代による永続性、⑤訓練・経験・業績にもとづく管理者の選抜と昇進、およびその制度化、⑥所有からの経営の分離と専門経営者による支配（経営者資本主義）、⑦専門経営者による、利潤極大化ではなく企業の長期的安定と成長という政策選好、⑧大量生産・大量販売・大量輸送を行う大企業（官僚制企業）による主要経済部門の支配と経営者革命の成立、および他部門・他産業への普及、である。[3]

このようにチャンドラーは、アメリカにおける企業経営の発展についての膨大な歴史を検証することで、近代企業の出現とその持続的な成長の過程を明らかにした。彼の提示した八つの概念は、資本主義制度のもとでの市場と組織の関係から管理階層組織（managerial hierarchy）が生まれ、発展してくる過程を概念化したものである。チャンドラー自身も、この俸給経営者（管理者）からなる階層制組織によって管理される企業を「官僚制企業」と呼んでおり、「官僚制」概念のもつ順機能をポジティブに評価している。このような概念内容は、ヴェーバーが官僚制組織論で構想したものと軌を一にしており、さらに一層実証性を備えていると評価できよう。

三　ヴェーバー官僚制論への批判――組織構造の多様性――

チャンドラーによる近代企業と経営資本主義についての概念構成は、アメリカの大企業の歴史的な発展過程の分析によって実証的に裏打ちされているという点で、ヴェーバーの官僚制論を補強するものである。だが他の論者によって、ヴェーバー官僚制論ないし官僚制組織への批判も数多く繰り返されてきたことも事実である。そのような批判については、R・K・マートンらの編による *Reader in Bureaucracy* (1952)、佐藤慶幸『官僚制の社会学』(一九六六)、N・P・ムゼリス『組織と官僚制』(1967)、マーティン・アルブロウ『官僚制』(1970)、および野中郁次郎『組織と市場』(一九七四) などにおいて、詳しく取り上げられてきた。それらに共通する批判の主なものは、①合理的といわれる官僚制組織は実際に効率的であったのか、②理念型としての官僚制組織の概念は実証性をもちうるのか、③官僚制組織の中の個人の自由はいかにして保障されるのか、などである。これらの疑問はいずれも官僚制組織のもつ機能への批判を意図してなされているものである。以下において、主要な論者による批判について検討を加え、ヴェーバー官僚制組織論のもつ意義を再確認していくことにしよう。

はじめに、①官僚制をめぐる非効率への批判についてみると、官僚制そのものの生成の時点から、その組織のもつ非効率の側面について常に厳しく論じられてきた、ということができる。そもそも官僚制が批判されるようになったのは、管理のために官僚制が必要になればなるほど逆機能の影響も深刻になり、それを回避するのがきわめて困難であったために、その逆機能の面が注目を集めたからである。そのために、逆機能そのものがあたかも官僚制の概念内容であるかのように使われてきた、という歴史的な経緯がある。(4)

このような逆機能について洗練されたかたちで整理したのは、R・K・マートンであった。マートンは、行為の結果を顕在的機能と潜在的機能に分け、後者から予期されない結果が生じることになり、それが逆機能現象をもたらす場合があることを明らかにした。(5) 例えば、規則は組織の特定の目的を達成するために定められたものであるが、組織の中にいる人々には規則を守ることが直接的な価値となってくる。そこから、杓子定規な態度や形式主義・儀礼主義が生じてくる（目標の置き換え）。階層的なキャリア構造からは、過度の慎重さや規律への依存が生じ（訓練された無能力）、また集団への帰属を強めることで変革を回避するようになる（過剰同調性）。そして没主観性の規範が、奉仕すべき組織外の人々との間でコンフリクトを生み出す可能性がある（人間関係の非人格化）。マートンによるこのような批判は、ヴェーバー官僚制のもつ非効率を指摘するものであった。そして、このような批判は、その後の実証的な研究への重要な契機となった。

しかしながら、ヴェーバーは官僚制がもつ非効率の側面を熟知していた。そのうえで、はじめから無視した。その理由は、官僚制の形式合理性がもつ作用すなわち社会の「魔術からの解放」によって資本主義制度を生み出してきた現実の歴史を率直に受け入れ、その変革過程とメカニズムを理論的に体系化しようとしたためである。彼の主要な論点は官僚制のもつ形式合理性にあった。官僚制組織は形式合理的な行為の体系からなる。形式合理性そのものは、組織目的の効率的な実現とは切り離されたものである。この形式合理性を基盤にして、市場での交換が成立し、官僚制組織が形成されてくる。市場と組織の形式合理性が、両者の間で「相互依存的対抗関係」をもちつつ、封建制度の中に新しい合理的経済空間を形成し、封建制度とは全く本質を異にする資本主義の制度を生み出してきた。ヴェーバーはこのような制度変革を象徴的に社会の魔術からの解放と呼んだのである。

たしかに、マートンらによるポスト官僚制組織が論じられる際の批判の対象あるいは乗り越えられるべき対象は、ヴェーバーの官僚制論であった。しかしながら、逆機能論はヴェーバー官僚制論（順機能論）を超えるものではない。効率に関するヴェーバー官僚制への批判は、ヴェーバー官僚制を出発点としているとともに、それを補完する役割を果たすものである、と位置付けることができよう。[6]

次に、②官僚制組織の概念は実証性をもちうるかについてみると、ヴェーバーの理念型は状況の時間的な変化を無視した組織構造になっているという点で、経験的妥当性が乏しいことは否定できない。つまり、組織構造は現実の状況の多様性に対応していく必要がある。それゆえ、組織構造の多様化をどのように実現していくかが課題になってくる。このような課題に最初に応えた議論の代表的なものが、A・W・グールドナーの『産業官僚制のパターン』であった。

グールドナーはマートンの機能分析を継承するとともに、ホーソン実験以来のインフォーマル組織の要素と官僚制組織の要素との相互作用の関係を視野に入れて実証研究した。彼が対象としたのは石膏鉱山会社の事業所において相前後して現れた二つの組織形態、すなわち代表的官僚制と懲罰中心的官僚制という類型であった。代表的官僚制においては、監督は温情的であり、従業員の満足度は高かったが、生産性は上がらなかった。懲罰中心的官僚制においては、監督は厳しくなり、仕事の速度が機械によって決まるようになった。その結果、生産性は上がった。しかし、組織内の緊張が高まり、労働者の既得権や慣行が侵害されるようになり、「山猫ストライキ」が生じ、生産性が低下していった。これは「予期しない結果（unanticipated consequences）」であった。[7]

このようにして、グールドナーは官僚制組織のなかに多様な形態があることを実証的に示した。またA・エツィオーニも、同じく組織構造の多様性についての問題関心から、強制的組織、功利的組織、および規範的組織という三つの形態に区分した。[8] このような組織構造の多様化によって現実の組織分析への実証性を高める方法は、ヴェーバーの官僚制概念を補完することになる。たとえば、グールドナーによると、代表的官僚制はヴェーバー官僚制論における専門知識にもとづく支配形態が収斂したものであり、懲罰中心的官僚制は同じくヴェーバー官僚制論の規律による支配形態が収斂したものである。また、ヴェーバーも家産官僚制、カリスマ官僚制、そして合理的官僚制という三つの類型を識別しており、しかもこれらは歴史的な発展過程を分析する概念内容になっているという点で、重要な優位性をもっているということができよう。[9]

最後に、③官僚制組織の中の個人の自由の保障についてみると、官僚制組織そのものが「生きた機械」あるいは「鉄の檻」にたとえられるように、その組織の中にいる人間に対して抑圧的に機能し、彼らの自由は大きく制限されている、ということができよう。このような状況に対して、インフォーマル組織論は、フォーマル組織（官僚制組織）の中に自成的に形成されてくる非公式の社会関係を通じて、人間の自発性や創意を掬い出そうと試みることになる。すなわち、組織はその目的を達成するためには組織成員の貢献が不可欠であり、その貢献を調達するためには個人レベルでの欲求を充足させることがどうしても必要になる。それゆえ、組織がもつ上からの権力や合理化の強制に対して理不尽なものを感じ取った場合には、すなわち個人の主体性や自由への過度の抑圧や制限を受けていると判断する場合には、組織成員は個人レベルの欲求充足を媒介にした抵抗を試みる可能性がある。このような感情や判断が、他の成員の共感や同調を得たときには、組織内の社会関係が機能することになる。[10]こうして、官僚制組織の中の個人の「自由」が守られるように組織機構が機能するようになると考えられる。

このようなインフォーマル組織論の理論的根拠となったものはホーソン実験であり、その理論的体系化に貢献したのがE・メイヨーであり、F・J・レスリスバーガーであった。彼らの構築した人間関係論がのちに産業社会学や経営行動科学として発展していくことになる。これらの理論は、組織成員の満足やモラール、あるいは忠誠心や帰属意識について評価尺度を設けて実証性を高めていったが、インフォーマル過程の分析に偏重していったために組織構造への問題関心が希薄になっていった。これに対して組織構造論の欠如を批判したのがアストン・グループであった。ピューやヒクソンらに代表されるこの組織構造論は、ヴェーバー官僚制論への原点回帰であり、組織の階層構造、権限配分、専門分化などが量的変数として詳しく分析された。[11]

これらの分析から言えることは、組織の中の個人の自由も組織構造という枠の中に位置づけられ、その枠から離れて概念化することができないということである。そして、その組織構造はまた、チャンドラーの分析にも見られるとおり、市場の論理によってしっかりと規定されているものである。このような組織人の自由については、後段でのヴェーバー官僚制論の検討のなかで改めて問うことにしたい。

以上に見てきたとおり、ヴェーバー官僚制論を批判の対象として新しい組織概念が打ち出されてきた。これらの、いわゆるポスト官僚制論は、いずれも重要な理論的貢献をしてきたということができる。だが、それぞれのキー概念になるものを検討した結果として、ヴェーバー官僚制論がもつ射程を超えているという意味でのポスト官僚制論であるとは評価しがたい、といえるであろう。

四　組織理論の構成概念とポスト官僚制組織の分析枠組み

チャンドラーによる近代企業についての歴史的な分析からも理解できるように、組織の形成と発展は、合理的な官僚制組織の成立とその規模の拡大として実現されてきた。それは組織内で行われる分業と管理的調整の高度化の過程でおよそ必然的に生み出されてきた組織形態であった。

このような組織内分業と管理的調整を、アメリカにおける経営学の発展の歴史に即してみれば、F・W・テイラーの管理の科学化を嚆矢とする。テイラーは、仕事の細分化と「構想と実行の分離」について理論的な体系化をはじめて行った。このような管理の本質の提示によって、テイラーはヴェーバーからも、そしてレーニンからもその重要性を評価されている。(12) 次に、前項でも述べたが、組織の中の人間について、メイヨーやレスリスバーガーらによって人間関係論として実証的かつ理論的な研究が行われるようになり、人間の自発性と創意を組織論の中心に置く試みがはじめられることになった。しかし、人間関係論は組織構造を等閑視することになり、組織の中の個人とその自由を掬い出すことができなかった。そのあとに、C・I・バーナードやH・A・サイモンによって近代的組織論が形成されることになる。そこでは、個人の自由と組織への服従（組織の抑圧的性格）という二重性が重要なテーマの一つとして論じられた。しかし、バーナード理論も、後に詳しく検討するように、組織のなかの個人の自由を掬いだすことができていない。また今日では、組織を取り巻く環境との関係で、組織と市場（O・E・ウィリアムソン）あるいは組織と社会の関係[13]が重要な課題となってきている。もとより、これらの議論はいずれも組織理論の発展に寄与してきたものである。

このような組織理論の発展の基本的枠組みとして、その構成概念のなかで重要なものをあげれば、およそ次のように整理できるであろう。すなわち、①大規模化にともなう階層化と役割分担（a トップ・ミドル・ロワーの階層構造の出現、b 知識ベースによる問題処理の階層構造）、②組織と個人（a インセンティブ、b 個人の自由と責任）、③組織と環境（a 組織と市場、b 組織と社会、c 組織と技術）などである。

これらはいずれも組織理論の発展に寄与してきた分析枠組みである、と同時に官僚制組織の特徴と限界について議論する際のキー概念となるものでもあった。したがって、これらの分析枠組みはまた、官僚制組織の精緻化あるいはその克服を目指すものであるという意味で、ヴェーバーの官僚制論を超えようとするものとして、すべてポスト官僚制組織論の範疇に入る可能性があるということができる。したがって、ポスト官僚制概念の検討のためには、上記の①から③までの主要理論を取り上げる必要がある。しかしながら、ここでは、「組織人の自由」という本稿の主要課題に焦点を絞って、②組織と個人の関係を取り上げて、バーナードの「誘因と貢献の経済」について検討することにしたい。なぜなら、そこにはバーナード理論における個人の自由と組織への服従という二重性が映し出されていると考えられるからである。

バーナードは、個人の動機満足と組織目的の達成との関係における経営者の役割について論じている。[14] 周知のとおり、組織目的の達成にかかわる概念が「協働の有効性」であり、個人（組織成員）の動機満足にかかわる概念が「組織能率」である。経営者の役割（the functions of the executive）は、組織目的を達成することであり、そのためには個人（組織成員）の貢献が不可欠である。経営者は、個人の貢献を組織目的の達成に向けていかに効率的に活用するかについて、その経営手腕・能力が問われることになる。他方、個人は貢献行為の提供にあたって自らの動機満足を前提にする。個人の抱く動機は多様であり、理念的なものもあれば、物質的なものもある。経営者はそれらに見合った動機づけ要因を準備する必要がある。

このようなバーナードの概念から、どのような本質が見えてくるだろうか。バーナードによると、本来、組織が形成されるのは個人的欲求を充足させるためであった。すなわち、他の人と協力することが一人で行うよりも有利（生産的）であったために、組織を形成したのである。つまり、組織を形成することによって、個人の欲求充足を可能にするための成果を生み出すことができるからである。しかしながら、組織が形成されたということは、個人の欲求を充足するためであると単純にとらえることができない。ここに、大きな「論理の転倒」が隠されている。まず何よりも、組織目的が達成されなければ、組織は確実に崩壊することになる。組織の機能的要件充足と個人の欲求充足が対立するときには、究極的には、前者が後者に優先することになる。理由はきわめてシンプルである。なぜなら、組織が存立しえなくなるからである。

それゆえ、何よりも重要な経営者の役割は、個人（組織成員）の動機満足に必要な経営資源をできるかぎり少なく支出して、しかも協働の有効性（組織目的の達成レベル）を最高にするにはどのようにすればよいかを考えること、すなわち目的達成による利得とそのための貢献を誘引するコストとの差を最大にすること、である。

だが実際には、経営者が担わねばならない役割は、相当に複雑で困難である。というのは、目的達成にかかわる有効性の高さと組織成員の動機満足にかかわる能率の高さとが、直接結び付いているわけではないからである。すなわち、有効性が高くても、それによって能率のレベルを引き上げなければならない必然性がない。また、たとえ能率を高くしても、それによって有効性が高くなるという保証がないのである（A・W・グールドナーによる「代表的官僚制」の分析において、このような非効率が明らかにされている）。

また、組織と市場の関係が個人の動機満足に影響を及ぼすことになる。組織は市場で存続・発展することを条件づけられているために、市場での競争条件が厳しい方に変化すれば、経営者は組織成員に対して満足水準を引き下げるように要求することになる。その際、組織成員が経営者からの要求に従うか否かは、自己の満足水準とともに、労働市場の状況に依存する。労働市場がタイトであるか、ルーズであるかという、その時その時の状況によって影響を受け動機満足の水準が変化する可能性がある。

バーナードが「経営者の役割」において述べたことは、組織目的の達成にあたって不可欠となる組織成員の貢献力をどのようにして確保し、より多く引き出すかということであった。しかし、これは組織目的を達成するための必要条件ではあるが、十分条件ではない。この場合の「必要条件」とは、より大きな成果を生み出すために、組織の構造を整え機能させていくことである。組織の構造とは、一般的に、ヘル・アパラート・服従者の三層からなる官僚制組織である。この三層構造の官僚制組織をいかに管理していくかということが、経営者の重要な役割の一つであるということになる。そして、このような組織構造の形成はヴェーバーの形式合理性の内容に即した領域である。だが、それに対して、どうすれば組織目的が達成されるのかという課題は、形式合理性の領域の外にある。組織の目的達成を保証してくれるような理論はおそらく無いであろう。経営者はこのような保証のない課題に立ち向かっていることになる。保守的な経営者は現状維持にとどまろうとする。現状維持か革新か、経営者の判断と力量が問われる所以である。

ともあれ、組織は目的の達成を最大の課題とする。組織のなかで組織成員に許されている自由とは、自己の満足水準から見て、組織にとどまるか退出するか、あるいはどのような組織に参入するかを決定する自由でしかない。一度組織のなかに入れば、官僚制組織の成員として、経営者の権限（命令）は「受容」する以外に選択の余地がない、といわざるをえない。

要するに、組織の成員としての個人には、組織への参入と退出について自ら意思決定する自由はある。しかし、組織の中では、経営者の命令に従うしかない。バーナードによると、経営者の権限は、組織成員が受容してはじめて機能するということであるが、その受容について組織成員がイニシアティブをもつのは、（労働）市場から組織へ参入するときと組織から再び市場へ退出するときだけである。組織のなかでは上位者の命令を拒否することはきわめて困難である。それゆえ、バーナード理論における組織の機能的要件充足についての考え方のもとでは、組織目的の達成によって企業が繁栄しても、組織成員（労働者）は豊かになれるという保証がどこにもない。たとえ、動機満足における好循環が生みだされたとしても、それは一時的な、物質的な満足にすぎない。本来の自由という「精神的なもの」の欠落までは補うことができないことは明らかである。

五　ヴェーバー官僚制論の形式合理性と「最後の人間」

官僚制をめぐる議論の歴史は長く、すでにヴェーバー以前に、権力の乱用や非能率、あるいは民主制に対立する制度とみなすような、否定的評価が繰り返し展開されてきていた。しかし、十九世紀から二十世紀にかけて、官僚制の影響力は止めどなく押し寄せてきた。このような実際の影響力を、その逆機能の側面を指摘して批判し、切り捨てようとしても、もはや不可能であった。官僚制は現実の社会の制度の中にしっかりと組み込まれ、確実に機能するようになっていった。ヴェーバーは、この現実を冷静に受け止め、そのような官僚制化の本質を分析し、その機能を評価したのである。そして、否定的な要素を内包していたそれまでの官僚制概念を一度受け入れたあと、それらを資本主義社会の確立を担うような合理的な体系へと再構成した。つまり、合理的な資本主義を形成していく支柱の一つとなる重要な概念にまで構成し直し、自らの理論体系の中に組み入れていったのである。

ヴェーバーの官僚制組織は、合理的な資本主義（経営資本主義）の市場と相互依存的対抗関係をもちながら発展（官僚制化）していくもの、として概念化されている。そこでの組織と市場に共通するものは、形式合理的な行為である。この形式合理性は計算可能性や合法則性によって社会の隅々にまで浸透していくことになる。そして、この形式合理化の浸透は世界の呪術からの解放の過程でもあり、伝統的社会から近代の資本主義社会への変革の過程でもある。

このような近代資本主義を生み出してきた重要な要因の一つがプロテスタンティズムの倫理であった、とヴェーバーは論じた。彼によると、プロテスタンティズムの倫理は被造物神化の徹底した拒否によって、現世主義の幸福論とは正反対の、禁欲的な職業労働のなかに魂の救済を求めることになる。現世主義の幸福論ではないという意味で非人間的、非合理的な禁欲的エートスにもとづく職業観念を作り出していった。すなわち天職（Beruf）がそれである。教徒たちは宗教的救済を求めてこの天職観念のもとでひたすら労働に励む。その意味で近代資本主義の形成にかかわるようないかなる意図もなかった。しかしながら、このような禁欲的な組織的労働は、形式合理的な行為とその体系化、および富の蓄積をもたらすことになり、「意図せざる結果」として、資本主義の制度を生み出していくことになる。

また、このような資本主義への変革にともない、伝統的社会における生活の絆、すなわち村落共同体、ギルドの共同体、血縁集団などへの帰属は、徹底した被造物神化の拒否によって、感覚的・感情的な人間同士の絆であるとして否定されていく。そのような絆に代わって、個人の内面的孤立化と功利主義的な効率化・業績主義へと移行していくことになる。ここから近代的な意味での形式合理的な組織が形成されてくる。この組織の成長とともに、プロテスタンティズムの信仰も消え去っていくことになり、やがて官僚制組織として大規模化してくる。そして、終には、その官僚制組織の中が「精神なき専門人」による形式合理的な行為に満たされて行くことになる。この形式合理性を身に付けた専門人とは知識・技術・管理の諸規則の体系化とその運用において高度な能力を備えた人々である。この専門人には「精神がない」。ヴェーバーは組織人のもつこの本質を、ニーチェの言葉を借りて、「最後の人々」と表現したのである。

これに関するヴェーバーの言葉を引用しよう。[15]「非有機的・機械的生産の技術的・経済的条件に結び付けられた近代的経済秩序という秩序界は、現在、圧倒的な力をもって、その機構のなかに入り込んでくる一切の諸個人の生活スタイルを決定しているし、おそらく将来も、化石化した燃料の最後の一片が燃え尽きるまで決定し続けるだろう。」「勝利を遂げた資本主義は、機械の基礎の上に立って以来、この支柱（禁欲の精神）を必要としない。」「こうした文化発展の最後に現れる『最後の人々 die letzte Menschen』にとっては、次の言葉が真理となるのではなかろうか。『精神のない専門人、心情のない享楽人。この無のものは、人間性のかつて達したことのない段階にまですでに登りつめた、と自惚れるだろう』と。」

この「最後の人々」について、ニーチェは、物的繁栄をひたすら追求することによって人間世界から苦悩を一掃し「幸福を案出した」と信じているタイプの人間、そして、そのことによってまた同時に、情熱、愛、憧れといったものを失ってしまった人間、として描き出した。

ヴェーバーはまた、官僚制組織を「鉄の檻」あるいは「未来の隷従の檻」とも呼んだ。その檻の中にいて、その組織の機能を担っている「最後の人々」、すなわち、専門人に精神がなく、享楽人に心情がない。この「無のもの」として批判されている人々には、かつての非世俗的な「禁欲的エートス」であったプロテスタンティズムの倫理が失われてしまった、とヴェーバーは歎いているのではない。また、失われてしまったプロテスタンティズムの倫理の復活を求めているのでもなく、あるいは、それを埋め合わせるような「経営倫理」を求めているのでもない。

たしかに、ニーチェが描き出したとおり、この精神なき専門人、心情なき享楽人こそは、形式的合理化に安易に迎合する人間であり、まさにその担い手である。これはヴェーバーが予見した現在の姿であった。モノにあふれているが、「生」にとって大事なものは何もない。精神的な、人間の生活の豊かさへの実現の可能性が、現代の資本主義のシステムから抜け落ちている。ヴェーバーはそのように分析した。

しかしながら、今も進行中の官僚制化の過程から逃れる術は、まだない。ヴェーバーが求めるものは、「それにもかかわらず、個人として責任に耐えて生きよ！」これがヴェーバー理論から導出される命題である。運命に耐えること。これによって、出来事の意味を自ら作り出すことができる可能性が生まれる。

注

（1）Wren, Daniel A., *The Evolution of Management Thought*, John Wiley & Sons, 1994, p. 16.（佐々木恒男監訳『マネジメント思想の進化』文眞堂、二〇〇三年、一六頁。）
（2）Chandler, Alfred D. Jr., The Visible Hand: *The Managerial Revolution in American Business*, The Belknap Press of Harvard University Press, 1977.（鳥羽欽一郎・小林袈裟治訳『経営者の時代（上・下）』東洋経済新報社、一九七九年。）
（3）同上書、「序論」を参照のこと。
（4）Albrow, Martin, *Bureaucracy*, Pall Mall Press London, 1970.（君村　昌訳『官僚制』福村出版、一九七四年。）
（5）Merton, Robert K., *Social Theory and Social Structure*, The Free Press, 1957, pp. 195-206.（森　東吾、他訳『社会理論と社会構造』みすず書房、一九八〇年、一七九―一八九頁。）
（6）R・K・マートンも官僚制組織の中でのパーソナリティの在り方についての多様性の可能性を論じているのであり、官僚制組織を否定しているのではない。

（7）　Gouldner, Alvin W., *Patterns of Industrial Bureaucracy,* The Free Press, 1954, pp. 25-26.（岡本秀昭・塩原　勉訳『産業における官僚制』ダイヤモンド社、一五頁。）

（8）　Etzioni, Amitai, *Modern Organization,* Prentice Hall, 1964, pp. 58-74.（渡瀬　浩訳『現代組織論』至誠堂、一九六七年、八九―一〇三頁。）

（9）　小阪隆秀「経営組織と官僚制」、稲村　毅・百田義治編著『経営組織の論理と変革』ミネルヴァ書房、二〇〇五年。

（10）　富永健一『経済と組織の社会学理論』東京大学出版会、一九九七年、一五七―一六〇頁。

（11）　Pugh, D. S., Hickson, D. J., Hinings, C. R. et al., "A Conceptual Scheme for Organizational Analysis," *Administrative Science Quarterly,* Vol. 8, 1963, pp. 289-315.

（12）　三戸　公教授もこの関連を詳しく分析している。三戸　公『科学的管理の未来―マルクス、ウェーバーを越えて―』未来社、二〇〇〇年。

（13）　Post, J. E., Lawrence, Anne T., Weber, J., *Business and Society,* 10th ed., McGraw-Hill, 2002.

（14）　Barnard, Chester I., *The Functions of the Executive,* Harvard University Press, 1938.（山本安次郎・田杉　競・飯野春樹訳『経営者の役割』ダイヤモンド社、一九六八年。）

（15）　Weber, Max, Die protestantische Ethik und der »Geist« des Kapitalismus, *Gesammelte Aufsätze zur Religionssoziologie,* Bd. 1, 1920, SS. 203-204.（大塚久雄訳『プロテスタンティズムの倫理と資本主義の精神』岩波書店、一九八八年、二六七―二六九頁。）

四　組織の概念
――アメリカにおける学史的変遷――

中條秀治

一　はじめに

アメリカにおける経営学説に現れる組織概念がどのように捉えられてきたかを概観するのが本稿のテーマである。主要な経営学説をすべて網羅することは不可能であるが、ここではこれまで経営学史学会で取り上げられたことのある人物を中心に、経営学説史上で影響力の大きい学者の組織概念に焦点をあてて組織概念の変遷を検討しようと思う。

二　古典組織論――テイラーの組織概念――

『科学的管理法』(1911)でテイラーは、「組織の性質は管理しようとする事業が異なるに従って、非常な違いがなければならないことは、いうまでもないことである」(邦訳、一一五頁)という言葉から「第三章　工場の組織について」を書き始めている。テイラーは、「事業の性質と組織の関係」と題して、「事業内容」が異なれば、事業運営のために「異なる管理方法」が必要となり、そこで必要となる「組織の形式」も違ったものとなると主張をしている。

テイラーは、工場における作業を円滑に遂行するために、管理職の業務内容を適切なものとすることを組織変更と考えている。テイラーにおいては、権限―責任関係、人員の配置、処遇などをこまかく規定することが組織という概念で捉えられている。

テイラーは「工場における軍隊式組織」という題目を掲げ、「ほとんどこの種の工場はすべて軍隊式と称せられる組織になっている」（邦訳、一一六頁）と指揮命令系統の在り方について語り、「軍隊式をやめて機能式を採用する必要」があると主張する。「機能式管理というのは管理上の仕事を分割し、副工場長以下すべての人はなるべく受持の機能をすくなくすることである。できることなら管理に従事する人の仕事をおもな機能（役目）ひとつだけに限ってしまいたい」（邦訳、一二二頁）と述べ、「軍隊式組織にあっては一人の組長がやっている仕事を機能的（職能的）職長制度においては八人の係に分担させるのである」（邦訳、一二五頁）と述べる。具体的な組織編成は、「計画を実行に移す機能的職長」として準備係・速度係・検査係・修繕係、「計画室を代表する機能的職長」として仕事の順序および手順係・指導票係・時間および原価係・工場訓練係についてそれぞれの仕事内容を詳しく説明している。テイラーは、この「新制度から生ずる結果」として、「職長の養成がわりに短期間にできるようになった」（邦訳、一二五頁）と述べる一方、「管理法の四大原則を、工員のみならず職長にも適用しうることである。すなわち職長にも一日中になすべき課業を与えることができる」（邦訳、一二六頁）と書いている。

テイラーにとって、組織とは理想の管理を実現するための制度的な工夫なのである。会社というものを動かすためには、仕事の流れの管理、人の管理が必要であり、理想の管理体制を築き上げるために、仕事の配分や仕事のやり方や人の配置を工夫するという形で組織が作られるというのがテイラーの組織観である。「会社」(enterprise)を適切に運用するためには、「管理」が必要であり、管理のためにはそれを実現するための「組織」が必要とされるのである。要するに、会社の管理を実現するための新しい枠組みを「新制度」(new plan)と呼び、その新制度を具体的に展開するための仕組みの構築、仕事の割り振り、人員配置などが「組織」(organization)と表現されているのである。ここでは、会社という存在、その管理の必要性、そのための手段としての組織の構築という筋道で発想しているのである。

三　新古典組織論——人間関係論の組織概念——

ホーソン実験に関するレスリスバーガー(1939)の分析の中で、組織概念がどう理解されているかを見ていくことにしよう。

会社は職能体系としての産業組織であるが、人間が関わるので社会システムの一部であると理解されている。要するに、産業組織は職能体系としての公式組織と人間関係としての非公式組織から成立しており、産業組織は二つの機能を果たすと考えられている。第一は経済的なものであり、「コスト・利益・技術的効率性」(p. 552)などに関係する。第二は、「一種の社会組織の維持」(p. 552)の側面であり、これは離職率、在職期間、病気・事故率、従業員の態度と関係する。

産業組織は公式組織と非公式組織で動いているが、技術組織(technical organization)と人間組織(human organization)という表現も使われる。工場の構成員—経営者、技術者、監督者、工場労働者、事務員—は、特定の関係で相互作用し、関係のパターンをもっており、「事業体(industrial enterprise)の社会組織(social organization）を形成している」（p. 554）と表現される。社会組織は、「工場における従業員グループ、監督者グループ、管理者グループの内部とその間に存在する相互作用の現実のパターン」（p. 566）と定義されている。

公式組織は「会社の規則と規制により指示される相互作用のパターン」（p. 566）と定義づけられており、非公式組織は、「公式組織によっては与えられないか、あるいは不適切にしかあたえられないような、組織メンバーの中に存在する現実の個人的な相互関係」（p. 566）であるとされる。非公式組織は、公式組織という職能関連のものであるが、そこで成立する非公式集団の社会関係は会社の公式目的にプラスにもマイナスにも作用するという意味で、会社の管理に関わるので非公式組織と呼ばれる。

レスリスバーガーの用語法は、あくまで会社・事業体・工場などの存在が先にあり、それらの存在を管理するという局面で、それらの内部に公式組織と非公式組織の存在を想定している。これはテイラー的な会社―管理―組織の筋道での発想と同様である。人間関係論における組織観の特徴は、組織を人間の相互作用のパターンとして捉えるところにあり、公式組織に加えて、そこに自然発生する非公式組織の重要性に目を向けたところにある。

四　近代組織論の組織概念――バーナードの組織概念――

バーナードの組織概念は「バーナード革命」と言われるほど、バーナード以前の組織概念とは異なる発想で展開されている。『経営者の役割』（1938）は、協力（cooperation）の中に組織イメージを探す。社会は会社や病院や学校などの協力システム（cooperative system）から出来あがっている。協力システムはその目的も活動も千差万別である。世の中の無数の協力システムを成立させているものは何か。そこに共通している本質とは何か。その本質がバーナードの考える組織である。

バーナードは、協力システムの本質をつかみ取るために、具体的な協力システムの中から不純物を取り除いてそこに残る結晶のみを抽出しようとする。そこで協力システムに付随する物的、生物的、個人的、社会的要素の差異を捨て去る。そして、最後に、そこに残る純粋な結晶のような抽象概念を抽出し、それを組織と呼んだのである。組織の定義は「二人以上の人々の意識的に調整された活動ないし諸力のシステム」(p. 75) である。組織は協力システムである会社や学校や病院そのものではなく、それら協力システムに共通するものであり、協力システムを機能させている本質なのである。そして公式組織は、①共通目的、②貢献意欲、③コミュニケーションという三要素を備えているものと定義される。経営者の役割は協力システムを維持し、その目的を達成するために、組織の三要素を確保することである。バーナードは、①共通目的については有効性と能率の概念、戦略的目標などの概念、②貢献意欲については、誘因・貢献理論、説得など、③コミュニケーションについてはオーソリティーの受容説、無関心圏などの新しい理論を提示している。

バーナードの非公式組織の概念は、人間的な接触があれば、そこから協力関係が生まれる可能性があると発想するので、あらゆる人間的接触を非公式組織と呼ぶ。

バーナードは、自分の貢献は「組織について採用されたアイデアの新奇さ」(1956, p. 111) にあると自負する。顧客を組織メンバーに含める考え方に対する批判に応えるなかで以下のように組織概念をまとめている。バーナードは、行動がある明確な目的に関わって調整されているような「特定の人々の集団からなる組織概念を拒否した」(p. 112) と述べ、「二人あるいはそれ以上の諸個人の行為が協力的であるとき、すなわち、体系的に調整されている時、わたくしの定義によれば、その行為は一つの組織を構成する」(p. 113) と主張する。そして、「顧客の扱いが従業員の扱いと類似しているというのではない。協力的行為の性質が組織の定義の下では、どちらの場合も同じであるとわたくしは言うのである」(p. 124) と顧客を組織メンバーに含める考え方を組織定義からの必然だと主張する。

バーナードにとって、「組織の概念は『場』(a field) の概念であり、その中で諸活動が行われ、そして、人的・社会的・物理的な『諸力』の場によって支配されている」と表現される。そして、「場」のアプローチは「磁場」や「電気場」や「引力場」と同様に役立つと指摘している。ここでバーナードが意味している「場」とは協力関係のネットワークのようなものである。バーナードの組織概念は協力関係があればどこまでも広がるのであり、その意味で境界をもたない概念である。協力関係の連鎖はどこまでも広がり複合組織を作る。一つの協力関係と他の協力関係が連結するとそこに別の組織が成立する。「協力行為が同時に機能することにより、それは結果的に複合組織となる連結関係を生み出す」(p. 114) とバーナードは指摘している。組織は協力的行為による形成物 (a composition of cooperative acts) (p. 118) というのがバーナードの組織イメージである。

バーナードは会社を社会システムと捉え、それを組織と呼ぶ用語法の嚆矢である。バーナード理論以降、会社の管理のための手段としての組織という組織概念から、会社という社会システムの本質を組織と捉え、会社と組織とを同一視する組織観が一般化するようになる。

五　現代組織論

1　サイモンの組織概念

サイモンは『経営行動』(1945) の第二版 (1957) の序文で、行動 (behavior)、意思決定 (decision-making)、組織 (organization)、という流行の言葉を本のタイトルとして選んだことの卓見を誇るが、組織という現象がこの辺りから本格的に注目されるようになったことがうかがわれる。

『経営行動』の第三版（1975）の序文で、社会における地位と権限の重要性について触れた後、組織は、「人間の集団内部でのコミュニケーションその他の関係の複雑なパターンをさす」（邦訳、一五頁）とする一方で、「役割の体系」であるとも指摘している。これはテイラー以来の伝統的な組織観に近いものである。

公式組織については、「分業とオーソリティーの配分のための計画である。組織計画は、その集団の各メンバーに、他のメンバーとの関係においての彼の地位と役割を与える」（邦訳、一九五頁）という。また、非公式組織については、「組織のなかで意思決定に影響を与えるが、しかしフォーマルな機構から除外されているか、あるいは、その機構とは相容れないような、組織のなかの個人の間の関係をいう」（邦訳、一九〇頁）とあり、公式組織との関わりの範囲で論じられており、レスリスバーガーの非公式組織の考え方に近い。

「コミュニケーションは、組織にとって欠くことができないばかりでなく、どのようなコミュニケーションの諸技法が用いられるかによって、意思決定機能をどのように組織内に分配しうるか、また分配すべきか定まろう」（邦訳、二〇〇頁）と言い、「軍隊の組織は、情報の収集と伝達を成し遂げるために、特に精巧な手続きを発達させてきた」（邦訳、二〇一頁）と指摘する。ここでは、「軍隊」というものの中に「組織」が作られるというイメージが語られており、軍隊イコール組織というバーナード的な用語法ではなく、テイラー以来の手段的組織観の文脈で組織が語られている。顧客の位置づけもバーナードとは異なる。組織の目標―製品のアウトプット―を顧客の個人目標と関連づけて論じているが、顧客の位置づけは、「通常は組織の構成員とは考えられない諸個人、すなわち顧客」（Simon, p. 113）というような表現が見られ、顧客を組織構成員とは考えていない。

サイモンの組織定義は、会社や軍隊や大学というものと、それらを管理するために形成される手段としての組織を区別しており、テイラーやレスリスバーガーなどの組織概念に近い。しかし、サイモンはバーナード組織論の影響を受けており、組織機能を説明する場合に、バーナードが言及した地位・役割・オーソリティー・コミュニケーションなどの側面が語られている。バーナード―サイモン理論として一括して言及されるが、サイモンはバーナードの議論の枠組みを使いながら、会社―管理―組織で発想する手段的組織概念に回帰していると看做してよさそうである。

2　リカートの組織概念

リカートは著書の序文（Likert, 1961）で、アメリカの実業界と政府で最高の業績をあげている管理者は、より効果的管理システムに向かう道筋を指し示すプロセスにあるとし、科学的な調査研究により、「これら最高の生産者たちの管理実践に基づく組織の一般理論を述べることが現在可能である」（p. 1）と指摘する。そして「生産性増加の一つの重要な源泉は、最高度に生産的な管理者がますます使うようになっている社会組織という形式（the form of social organization）の完全な開発であり巧みな適用であろう」（p. 1）という。

リカートは、enterprise, firm, plant, company などの団体を意味する用語とは別に組織（organization）という表現を用いる。組織は、各種団体の生産力を上げるために開発され、巧みに利用されるものである。リカートは、事業体・会社・政府・ボランティア団体などの管理システムの具体的な展開としてシステム1からシステム4（搾取的権威型・温情的権威型・相談型・参加型）までの組織形態を類型化し、伝統的なシステム1から最新式のシステム4に移行することで、さらなる生産性の増加が見込まれると主張する。

組織システム（system of organization）として、四つの管理方式に言及するが、その組織変数としては、①リーダーシップ過程、②モチベーションの性格、組織目的達成に対する責任感、③コミュニケーション過程、④相互作用の総量と性格、⑤意志決定プロセス、⑥目標設定ないし命令の性格、⑦コントロール過程などを挙げて説明している（Likert, 1967, pp. 14-28）。リカートにおいては、組織は、事業体、商店、工場、会社の管理を実現する側面にかかわる用語として用いられている。その意味で、テイラー以来の手段的組織の用語法である。

3　管理過程学派の組織概念

クーンツとオドンネルは、主著の第六版（1955, pp. ix-xiv）の序文で組織という用語を一度登場させるだけである。しかも、それは、「さまざまな会社（companies）とその他の組織（organizations）の経営者」（p. xiii）という表現のみで使用しているだけである。かれらの基本的な用語法としては事業体（enterprise）が選ばれており、「ビジネス・政府・教育そしてその他の事業体」とか、「合衆国および世界中の多くの国々ですべてのレベルと種類の事業体（all levels and kinds of enterprises）における何千という管理者」（p. xiii）などと表現されている。

かれらは、「経営管理論のジャングル」（Management Theory Jungle）という見方を導入したことで有名であり、経営管理論のプロセス学派に分類されるが、ここでの組織に関わる用語法は、管理プロセスを計画化、組織化、人員配置、指揮・指導、統制の管理プロセスからなるものとし、管理過程の一つとして組織化（organizing）の局面を扱うものである。組織化という表現のもとで、ここでは組織目的、部門化、ライン―スタッフの権限関係、サービス部門、権限の分権化、委員会などの項目を扱っている。いずれにしろ、かれらは会社や政府や学校などの団体を事業体と呼び、その管理過程の一部として組織化（organizing）に言及している。つまり、事業体の管理のための手段というテイラー以来の手段的組織観であるといえる。

4　コンティンジェンシー理論の組織概念

ウッドワード（1958）は言う。「調査した一〇〇社（firms）は幅広く異なったやり方で組織化され運営されていた。・・・三社には、基本的にラインないし軍隊型の組織（line or military type of organization）があり、二社は機能別に組織化され、ほぼそのまま五〇年前にテイラーによって推奨されたものであった。残りは、程度はさまざまであるが、ライン・スタッフ型の組織（line-staff pattern organization）であった。すなわち、それらの会社は直接的なライン権限にある者に助言を与えるスタッフとして多くの機能的専門家を雇っていた」(p.8)。ここでのウッドワードの用語法は、会社を動かす仕組みとしての組織という枠組みでのテイラー以来の伝統的な用語法だと言える。

トンプソン (Thompson et al., 1959) は制度体の出現と管理科学の関係について、以下のように発言する。「ごく近年になって、管理 (administration) があらゆる現代の制度体 (contemporary institutions) で起こっている明白で独自性をもつ社会過程であるということが実感されるようになった。そして、それら制度体とそれらが機能する環境がより大きく、より複雑になるにつれて、管理は重要さを増している。その過程の存在と重要性の認識によって、管理科学は明確な研究領域として立ち現れている。それは、より伝統的な社会科学および行動科学の傍らに、その場を占めるだろう別の学問へと最終的には発展する可能性がある」(p. vii)。

トンプソンは、制度体の出現を語り、その管理が新しい「管理科学」という学問領域となりうるとの認識を示している。つまり、「制度体」の「管理」という発想があって、そのため「組織」の構築という筋道で組織という現象を考えているのである。これは、テイラーが会社―その管理の必要性―そして手段としての組織構築という筋道で工場管理を発想していたことを思い起こさせる。

5　マーチ＝サイモンの組織概念

マーチ＝サイモン (March & Simon, 1966) は、「その用語を定義するよりも公式組織の例を挙げる方が、より簡単でたぶんより役立つ」(p.1) として、USスチール・赤十字・角の八百屋・ニューヨーク高速道路局などを公式組織の例として挙げる。続けて、「当面の目的にとっては、組織の周りに引かれるべき正確な境界について、あるいは組織と非組織の明確な区別について、自分を困らせる必要はない。われわれは経験的な事情を取り扱っているのであり、現実世界はそれ自身きちっとした分類に当てはまるようにはならないおさまりの悪さを持っているからである」(p.1) と述べる。公式組織と非公式組織という表現や組織の境界の曖昧性についての言及から、ここにはバーナードの組織概念の影響が見て取れる。マーチ＝サイモンは「社会制度体としての組織」(organizations as social institutions) と表現し、社会制度体 (institution) の一種として組織を捉えるが、組織そのものの定義づけを避けている。しかし、その組織観は会社や学校や病院を社会システムと規定し、社会システムの本質を組織と定義づけるバーナード的な組織概念の延長線上にあることは確かである。

6　システム論における組織概念

カッツ＝カーン (1966) は、企業、学校、教会、研究機関、国家などの社会的構築物を社会組織と呼ぶ。社会組織は社会システムの下位階層の一つのタイプと捉えられ、いくつかの特徴が挙げられている。それらは、①維持構造、②入念な公式的役割パターン、③明確な権限構造、④管理構造の一部としての、高度に発達した規制メカニズムと適応構造、⑤システム規範を提供するためのイデオロギーの明確な形成、などである (p. 47)。そして、「官僚制的構造は社会組織の最も明白な例である」(p. 47) と付け加える。これはシルバーマンが公式組織と社会組織を区別し、社会組織を家族や友愛グループやコミュニティに限定したのとは異なる定義づけである。

カッツ＝カーンは社会組織の類型としてパーソンズから借用した分析枠組みを使う。そして組織を四つのカテゴリーに分類する。それらは、①生産的ないし経済的組織 (企業)、②人々の社会化のための維持組織 (学校・教会)、③適応組織 (研究大学・調査研究機関)、④管理的ないし政治的組織 (政党・国家) などである。

「すべての社会的システム―組織を含む―は、諸個人のパターン化された諸活動から成る」(p. 17) とカッツ＝カーンはいう。システム論は、機能の異なる社会組織を社会システムの下部構造とみなして、社会システムの維持のために機能を発揮していると考えるが、システム論の用語法は企業・学校・教会・政党・国家などの団体を組織と同一視するのであり、バーナード的な組織観に分類できる。

7　制度学派の組織概念

シルバーマン（1970）は社会学系の学者であるが、組織をある特別のいくつかの特徴をもつ社会的制度体（social institution）であると捉える（p. 147）。その特徴とは、「確認できる時点で意識的に作られること、創始者は主にシンボルを正当化するものとして普通重要である目的を組織に与えていること、メンバーと正当な権力の源泉との関係は相対的に明白に定義されていること」（p. 147）などであると指摘する。

シルバーマンの組織イメージは、「制度体としての組織は公式的な組織構造をもつ。すなわちある目的を達成するという明白な目的をもって設立され、（この目的の方向での行為を期待し形づくるために設計された）ルールと明確に記された伝達経路と権限をもつ公式的な地位構造の両方を備えている」（p. 8）というところにある。ここでは、組織は制度体の一種であるが、組織目的や正当な権力の正当性、そしてその運営のためにルール・伝達経路・権限が整備されているものをいうようである。公式組織（formal organization）とは別に社会組織（social organization）という表現をシルバーマンは使用するが、それは明確な目的とルールの欠けている制度体を表現する用語である。「軍隊、事業体、教会」が公式組織の例として挙がっており、それらと性格を異にする社会組織として、「家族、友愛集団、コミュニティ」が挙げられている。

スコット（1995）は制度（institution）と組織（organization）の違いについて以下のように指摘する。「われわれが見てきたように、制度体は社会学者によりかなり早くにその存在が明らかにされ分析されたが、社会形態の明確な諸形式である組織については比較的最近になるまで概念的に区別されなかった」（Scott, 1995, p. 16）と指摘する。要するに、制度体と組織の概念上の違いが意識されるようになるのは最近のことだというのである。

スコットは、セルズニックを引用して、組織を特定の目的達成のために設計された機械的な手段とする組織観と参加者や環境からの影響を受ける適応的有機システムとしての組織観を区別している。スコットの立場は、組織は適応的有機的なシステムであり、「組織は、かなり大幅に、時間をかけて、制度体（institution）へと変質する」（p. 18）と主張する。要するに、制度論的アプローチでは手段的な組織観を取らず、適応的有機システムとしての組織観に立つという意味で、団体と組織を区別しないバーナード的な組織観に近いといえる。

8　ドラッカーの組織概念

組織はわれわれの周りにあふれているが、それは何かとドラッカーは問う。

「今日、組織は日常の用語である。・・・いまや、あらゆる先進国社会では、すべてではないにしても、社会的な機能のほとんどが、組織によって遂行されている。しかしアメリカにおいて、あるいは他のいかなる国においても、組織が論じられるようになったのは、第二次大戦後である。・・・組織が独自の存在であると認識されるようになったのは、第二次大戦以降、マネジメントが出現した後、すなわち、かつて私がマネジメント革命と呼んだ時代の後である」（邦訳、二〇〇六、五一五―五一六頁）。

「第二次大戦以降のマネジメントの出現によって、組織がなにか別の不連続なものであると理解するようになった。組織は社会科学者が知っているような現代の結合因子であるコミュニティーとも違うし、社会、階級も、家族とも違う。しかしまた、それは人類学者や宗教学者によって知られるようになり、また研究もされた伝統社会の部族、氏族、血縁やそれ以外の結合因子でもない。組織はなにか新しく、まったく別個のものであるが、しかしそれはなんであろうか」（1993, p. 47）。

ドラッカーはいう。「今日の組織社会には前例がない。組織社会を構成する組織のそれぞれが、単一の目的のために設計され、かつ高度に専門的に存在して成果を上げるという点で、歴史上のいかなる社会とも異なっている」（邦訳、二〇〇六、五二二頁）。

ドラッカーは組織を、社会的課題を遂行する制度的存在であると位置付ける。組織は社会を機能させるものであり、会社・学校・病院、そして身の回りの多くの団体が組織だという。しかし、組織は新しい「独自な存在」だという。マネジメント革命を経て、動き始めたという。学校・会社・病院などは古くからある存在である。では、何が変質したというのか。新しい「独自な存在」としての組織とは何であるのか。

ドラッカーは組織の特徴を挙げる。「組織は専門家からなる人間集団である。・・・組織は目的的に設計される。・・・組織は専門的な目的的機関である。・・・組織は道具である。・・・組織の結果は外部にある。・・・事業の内部にあるのは、コスト・センターのみである。」(1993, p. 49) ドラッカーは組織を定義することなく、組織の特徴を挙げることで組織という現象に迫ろうとしている。会社・学校・病院などの団体を組織と呼ぶ一方、団体の管理の局面で「マネジメント革命」に言及する。ドラッカーには会社・学校・病院を組織と呼び、団体と組織を同一視する一方で、団体の管理（マネジメント）の側面で組織が必要となるという見方をしている。ドラッカーは、社会制度としての団体の出現を重視し、その効果的な管理の必要性、そしてそのための組織構築を論じているのであり、この議論の筋道はテイラー的な手段的組織観と軌を一にするものである。

六　おわりに

アメリカにおける組織概念には大きく二つの流れがあることがわかる。一つは、テイラーに代表される会社（団体存在）—管理の必要性—その手段としての組織構築—という筋道で発想される組織観である。他の一つはバーナードに代表される会社（社会システム）イコール組織と発想し、団体と組織を区別せず同一視する組織観である。

わたくしは、会社・学校・病院などの存在を団体と規定し、組織とは異なる概念であると捉える。両者を同一視する見方に反対するのは、団体を組織と同一視することで組織論の学問領域が非常に曖昧なものとなり、組織理論の焦点がぼやけると考えるからである。

現代社会においては、個人から団体へと活動主体が変化している。現代社会は、「団体の時代」なのである。団体を活動主体とする社会における管理問題は、新しい組織理論をわれわれに要求する。新しい団体の出現のもとにあっても、われわれが採用すべき組織概念はテイラー流の団体運営のための組織という発想であり、団体―管理―組織という筋道での議論から逸脱すべきではないのである。われわれは団体論と組織論の両方を必要としており、そのための議論の前提として団体概念と組織概念を区別しなければならないのである。

参考文献

Barnard, C. I., *The functions of the Executive*, Harvard University Press, 1938.
Barnard, C. I., *Organization and Management: Selected Papers*, Harvard University Press, 1956.
中條秀治『株式会社新論―コーポレート・ガバナンス序説―』文眞堂、二〇〇五年。
中條秀治『組織の概念』文眞堂、一九九八年。
Drucker, Peter F., *Post-Capitalist Society*, Butterworth-Heinemann Ltd., 1993.
Drucker, Peter F., (Harvard Business Review ed.), *P. F. Drucker on Management*, Harvard Business School Press, 2006. (DIAMOND ハーバード・ビジネス・レビュー編集部・編訳『P・F・ドラッカー経営論』ダイヤモンド社、二〇〇六年。)
Katz, D. and R. L. Kahn, *Social Psychology of Organizations*, John Wiley & Sons, Inc., 1966.
Koonts, H. and C. I. O'Donnell, *Management: A systems and contingency analysis of managerial functions*, McGraw-Hill, Inc., 1955.
Lawrence, P. R. and J. W. Lorsch, *Organization and Environment*, Irwin Inc., 1968.
Likert, R., *New Patterns of Management*, McGraw-Hill, Inc., 1961.
Likert, R., *The Human Organization: Its Management and Value*, McGraw-Hill, 1967.
March, J. G. and H. A. Simon, *Organizations*, John Wiley & Sons, Inc., 1966.
Roethlisberger, F. J. and W. J. Dickson, *Management and The Worker*, Harvard University Press, 1939.
Scott, W. R., *Institutions and Organizations*, Sage Publications, 1995.
Simon, H. A., *The Administrative Behavior*, 2nd edition, The Macmillan Company, 1957.（松田武彦・高柳　暁・二村敏子訳『経営行動

（第二版）』ダイヤモンド社、一九六五年。）

Simon, H. A., *The Administrative Behavior,* 3rd edition, The Free Press, 1976.（松田武彦・高柳　暁・二村敏子訳『経営行動（第三版）』ダイヤモンド社、一九八九年。）

Silverman, D., *The Theory of Organizations,* London: Heineman Educational Books, 1970.

Taylor, F. W., *The Principles of Scientific Management,* New York: Harper & Brothers, 1911.（上野陽一訳『科学的管理法（新版）』産業能率大学、一九八三年。）

Thompson, J. D. et al., *Comparative Studies in Administration,* University of Pittsburgh Press, 1959.

Woodward, J., *Management and Technology,* Garland Publishing, Inc., 1958.

五　実証的戦略研究の組織観

——日本企業の実証研究を中心として——

沼上　幹

一　はじめに

本稿の目的は、日本における実証系戦略論・組織論の論者たちの研究活動における組織構造論の比重が低下していった理由を探ることにある。一九八〇年代の初頭までは、日本においても組織構造の実証研究が活発であった。しかしその後、組織構造が人間行動を既定するという考え方ではなく、組織構造の仲介を経ずに、戦略が個人の行為と相互行為を規定する、というタイプの思考法が普及していった。一九九〇年代半ばに行われた本社の組織構造に関する研究（加護野他（二〇〇六））など少数の例外は存在するものの、二〇〇四年に組織の〈重さ〉プロジェクトが創始されるまで、日本企業の組織構造に関する実証研究は低調であったと思われる。このような構造研究の空白が生まれた経緯を探るのが、本稿の目的である。

本稿の結論を先取りして述べるならば、日本の実証系戦略論・組織論研究者たちが組織構造論から離れていった理由は次の三点である。

（一）一九八〇年代初頭段階における構造的コンティンジェンシー理論の閉塞感
（二）同時期における他の組織論運動が経営組織論の枠組みとして魅力を欠いていたこと
（三）日本の実証系戦略論・組織論研究者たちが新製品開発を通じた組織文化の変動というテーマに関心を移し、そのテーマの下では構造が主要な役割を果たさなくなり、プロセスが重要な役割を果たすようになったこと。また、その新たなテーマの下では質的調査法・事例研究法が多用されていたこと

以下では、この（一）から（三）の順に一つずつ検討を加えていくことにしたい。なお、以下で主として取り扱う研究者たちは組織論出身であるが、途中から戦略論と組織論の両方を取り扱うようになっていったので、国際的には戦略プロセス学派（strategy process school）と位置づけられることになると思われる。[1] ここでは煩雑ではあるが、これらの研究者を「実証系戦略論・組織論の研究者」と呼ぶことにする。

二　構造的コンティンジェンシー理論の閉塞感

一九八三年に加護野他の『日米企業の経営比較』が出版されるまでの時期には、日本において企業組織のデザインに関連する、いわゆる構造的コンティンジェンシー理論（structural contingency theory）と呼ばれる組織構造の研究業績が多数産出されていた（野中、一九七四；野中他、一九七八；加護野、一九八〇）。[2] しかしながら、日本の実証系戦略論・組織論研究者の間では、既に一九八〇年代初頭の時点で構造的コンティンジェンシー理論の理論運動としての閉塞感が語られるようになっていた。明確に記述が残されているわけではないが、今からほぼ四半世紀前の一九八〇年代前半には、口頭で「構造的コンティンジェンシー理論の時代は終わった」と語る経営学者が多数存在していた。[3]

ここでいう構造的コンティンジェンシー理論とは、最適な組織構造は何らかの条件によって決まるという主張を展開してきたものを指す。組織構造と組織成果の関係が常に一定なのではなく、たとえば市場の異質性や不安定性など第三の変数によってモデレートされる、という論理構造をもつ組織構造論の総称が構造的コンティンジェンシー理論である。

より具体的には、次のような二つの命題群が一般的に知られている。[4]

①有機的組織（organic structure）と機械的組織（mechanistic structure）：環境不確実性が高い場合には有機的組織が高い成果を達成し、環境不確実性が低い場合には機械的組織が高い成果を達成する。簡単に言えば、機械的組織とは標準化・公式化の進んだトップダウンの組織であり、有機的組織は標準化・公式化の程度が低く、ヨコのコミュニケーションを活発に行う組織である（Burns and Stalker, 1961; Lawrence and Lorsch, 1967; Woodward, 1965）。

②事業部制（divisionalized structure）と職能制（機能別組織、functional structure）：環境（市場セグメント）が互いに異質で相互依存性の低い時には事業部制が高い組織成果をもたらし、環境が同質的であるか、相互依存性が高いのであれば職能制が高い組織成果をもたらす。典型的には、Chandler（1962）や Rumelt（1974）、吉原他（一九八一）などの業績がこの議論を展開してきた。

この二つのコンティンジェンシー関係については、問題解決あるいは情報処理という視点から理論的説明が加えられている（Thompson, 1967; Perrow, 1967; Galbraith, 1973; 野中、一九七四；加護野、一九八〇）。基本的には、単純課題では集権的なネットワークの情報処理能力が高く、複雑課題では分権的ネットワークの情報処理能力が高いというグループ・ダイナミクスの議論を基礎に置いて、不確実性の高まりと共に組織の処理するべき情報量が高まり、その情報処理負荷に対応するためには集権的なネットワーク（機械的組織や職能制）から分権的ネットワーク（有機的組織や事業部制）へと適合的な組織構造が変わるという情報処理パラダイム（information processing paradigm）が提出されているのである（Bavelas, 1968; Galbraith, 1973, 1977）。ここで重要なことは、組織構造が問題解決の際の行動（組織プロセス）を規定する、と考えられていることである。経営成果を左右する要因を探す際に注目するべきは、問題を提供する環境と、その問題解決活動を可能とする構造である。人間の行為と相互行為（プロセス）は、組織構造によって大きく既定されていると想定されているので、何よりもまず構造に注目するというのが構造的コンティンジェンシー理論の特徴である。まさにそれ故に構造論だったと位置づけられるのである。

構造的コンティンジェンシー理論は、それまで多様な組織論・組織観が乱立した時代に統一をもたらし、一九七〇年代の学界で広く支持を集め、多様な実証研究を生み出していた。しかし、一九七〇年代の末頃までに、その学問的運動としての魅力はある程度低下し、停滞感が醸し出されていたように思われる。その典型的な兆候として、新たな理論的枠組の構築ではなく、既存の理論枠組の実証を精密化しようという手法の議論が一九八〇年前後に多数生み出されてきたことを指摘できる。たとえばDowney et al.（1979）はLawrence and Lorsch（1967）とDuncan（1972）の環境不確実性尺度が信頼性基準を満たすか否かを検討すること自体を目的とする論文を公表し、Schoonhoven（1981）は既存研究が変数間の線形性を無批判に仮定したモデルで統計分析をしてきたことを批判する論文を公表している。もちろんこういった研究は通常科学（normal science）としての発展に必要だと高く評価することも可能であろう。しかし、これらの研究は、新しい概念を提案し、それを新しい手法で測定するという研究とは大いに異なる。その時点で、この種の新しい概念と理論の模索を続けてきた日本の実証系戦略論・組織論研究者にとっては、この種の通常科学としての精緻化は、学問としての「閉塞感」として映ったのではないかと思われる。

三　代替的な組織構造論

「構造的なコンティンジェンシー理論は終わった。」それならば、どのような理論運動を次に追求するべきなのか。後に述べるように、日本の実証系戦略論・組織論研究者たちは経営戦略論へのシフトおよび組織文化論・パラダイム論・組織学習論へのシフトを行っていく。このうち組織文化論やパラダイム論、組織学習論は組織構造論ではなく、組織成員の知識・行動様式の変化を主題とするプロセス志向の理論である。このようなプロセス志向の理論へのシフトが生じたひとつの理由は、その当時の問題意識とそれが合致していたということであるが、もうひとつの理由は、一九七〇年代末から八〇年代初頭に経営学の基礎理論として魅力のある組織構造論の理論運動が不足していたことである。その典型的な例がポピュレーション・エコロジー・モデルと新制度主義である。(5) これら二つの理論運動が経営学の基礎理論としての魅力を欠いていた理由を簡単に確認することにしよう。

1　ポピュレーション・エコロジー・モデル

構造的コンティンジェンシー理論に代わって一九八〇年代にアメリカの組織論の中心を担ったのはポピュレーション・エコロジー・モデル（population ecology model）であった（Hannan and Freeman, 1977, 1984）。この理論は、生物に関する個体群生態学のモデルを企業組織等に適用し、多数の実証研究を積み重ねていった。ポピュレーション・エコロジー・モデルはその実態としては組織内の構造に光を当てた実証研究を展開しなかったが、その理論的な背景を提供するHannan and Freeman（1984）の構造的慣性（structural inertia）の議論からは本来、組織内の構造の研究も不可能ではなかった。それ故、ここでは、コンティンジェンシー理論以後の一九八〇年代に最も生産的な研究運動だったポピュレーション・エコロジー・モデルを組織構造論の一つとして検討しておくことにしたい。

ポピュレーション・エコロジー・モデルの最も代表的な研究、Hannan and Freeman (1984) によれば、組織は信頼性 (reliability) とアカウンタビリティ (accountability：説明責任、ここでは説明責任を果たす能力) が高くなければならない。彼らによれば、組織はアウトプットの品質水準等が高いから存続するのではなく、品質水準等の分散が小さいから存続する。「当たり外れ」が大きくないこと、決定的な不良品や失敗が無いことが近代組織の重要な要件だというのである。また同時に、組織内で資源がどのように使われたのかを社会に向かって説明できる (accountable) ことも近代組織にとっては決定的に重要な要素である。

組織メンバーがそのつど話し合って合理的な意思決定を行う、というような仕事のやり方をしている組織では信頼性とアカウンタビリティは高まらない。毎回行動が異なる可能性が高いからである。それ故、組織はルーチン (routine) と制度化 (institutionalization) を活用する。ルーチンとは、固定的なプログラムのことである。組織が実行できるルーチンの数は限られている。組織は常に実行を通じて特定のルーチンを記憶していくのである (remembering by doing)。長い間実際に使われなかったルーチンは忘れ去られてしまう。また、信頼性とアカウンタビリティを高めるために、組織はそのメンバーに価値を共有させ、毎回その意味を問うことなく、当然視する領域を作る。これを制度化という。

ルーチンと制度化によって信頼性とアカウンタビリティを高めなければ、そもそも組織は社会の中で信用を得ることができず、必要な資源を獲得できずに消え去ってしまう。しかし同時に、実行を通じて記憶できるルーチンの数は限られ、価値の共有によって当然視する領域が作られると、組織はその後に起こる大きな変化には適応することが難しくなる。つまり、組織は信頼性とアカウンタビリティを高めなければそもそも設立当初に存続できないのだが、それを高めるためにとった手段によって、設立後に発生する大規模な変化によって淘汰されることになる。このような組織観の下では、個々の組織は変わることができず、世の中で見られる組織変動は組織の交代によって観察されることになる。たとえば、個々の企業が成功すると、それと類似の構造をもつ組織が次々に設立され、類似の企業組織（同じ個体群）が増大する。それらはいずれも次の大きな変化には適応できないので、新たな変化の節目に新たに最適化された構造を持った組織群によって駆逐される。こうして新規組織の設立と旧組織の滅亡という組織群の世代交代によって組織変動を説明しようというのがポピュレーション・エコロジー・モデルである。

この考え方に基づいても、特定の環境部分（niche）の具体的な特徴と、それに適合的な組織構造（高信頼性・高アカウンタビリティの構造）の対応関係を考えていくという研究方法が原理的には不可能ではなかった。しかし、実際には、ポピュレーション・エコロジー・モデルが扱った現象は、小規模な地場のビール会社や地方新聞社などが多数設立されたり淘汰されたり、といった個体群レベルでの変化であって、個別組織の内的な構造を分析する実証研究は発達しなかった。それ故、たとえば、ベンチャー企業の設立の波を考察する場合などではある程度の洞察力をもつものの、比較的大規模な企業が自己革新を遂げながら存続している日本の産業社会では十分な説得力をもつものではなかった。どちらかというと、その視点は中小企業の振興政策を担う産業政策の立案者のそれであって、個別企業を分析対象とする経営学に貢献する部分はそれほど多くはなかった。戦略も構造も、主体的に変えることのできない組織を想定する構造論が、当時の実証系戦略論・組織論研究者の興味を引くことは難しかったと思われる。

2　新制度主義

同じく一九七〇年代から八〇年代初頭に新制度主義（new institutionalism）の組織論も登場する（DiMaggio and Powell, 1984; Meyer and Rowan, 1977）。新制度主義は、それまでの社会学的な組織論の概念を豊富に活用して、組織構造に関する研究を積み重ねてきており、今でも強い影響力を行使している理論運動である。

新制度主義の組織論が注目するのは、「正当性」(legitimacy) あるいは「正当」であるように見えるという点である。この理論は、本当に顧客や株主等のステークホルダーたちのニーズを満たすから組織が存続するという側面よりも、ステークホルダーたちがその組織を「正当」であると認知するが故にその組織が存続する、という側面を重視する。それ故、実際に組織の効率や有効性を高めないものでも、世の中で「正当」だと見られているような組織変革が広く普及する可能性がある、ということを指摘する (DiMaggio and Powell, 1983)。あるいは、場合によっては、社会から「正当」と見られるために特定の組織構造を採用するものの、実際の運営はそれとは切り離されて (de-coupling)、別種の実態運営がなされる、という組織のリアリティを捉えようという研究である (Meyer and Rowan, 1977)。

たとえば、企業が「お客様相談室」を設置して顧客の満足度が実際に向上しないとしても、逆にそれを設置していないような会社は「顧客を軽視している」と世間から批判される。それ故、多くの会社が「お客様相談室」を設けるという現象は広く観察される。これが新制度主義の組織論が行う議論の典型である。

新制度主義の組織論は日本の大規模企業でも大いに観察される現象を解明できているから、企業の研究に欠かせない枠組みである。実際、政府の影響力が強い環境下にある組織や長期にわたって同一企業間の相互作用を繰り返してきた企業など、高度に制度化の進んだ組織場 (organizational field) に置かれた組織を分析する際には、新制度主義の知見は大いに役に立つ。しかし、そのように実証的な研究上有用な側面があるものの、新制度主義の組織論も経営学の根幹を担う役割を果たせるとは考えられなかった。なぜなら、新制度主義の組織論は「目的合理的ではない (儲からない) けれども普及するものがある」ということを説明できる、という貢献があるものの、戦略的環境適応とは無関係な議論を展開しているからである。ステークホルダーたちにとって、あるいは社会一般にとって、「本当に正当であるか否かは問わないが、少なくとも『正当』であるように見えること」を最終目標として経営戦略論・組織論を構築するというのでないかぎり、新制度主義を経営戦略論・組織論の中核に位置づけることは難しいと思われる。

ポピュレーション・エコロジー・モデルも新制度主義も経営戦略論・組織論の中核を担う基礎理論を提供するような枠組みとしては機能しなかった。日本の実証系戦略論・組織論研究者に魅力的な構造論的な組織論の選択肢が乏しかったことが、日本企業の組織構造研究の空白をもたらした一つの原因であったと考えられる。

四　戦略論と組織文化変革へのシフト

1　戦略論と組織文化論の導入

構造的コンティンジェンシー理論が閉塞状態にあり、それに代わる経営学的な組織構造論が存在しなかった一九八〇年代以降、それまでこの理論運動を担っていた研究者たちは、戦略論と組織文化論・パラダイム論にほぼ同時に傾斜していった。

実証系経営戦略論・組織論の研究者が戦略の概念を取り込んでいった背後の理由の一つは、有効な組織構造を規定する上で戦略が重要な役割を果たすという認識が一般化したことであった。一九八〇年頃から一般に普及するPorter の業界の構造分析によれば、企業の利益率は企業がどの産業（あるいはその部分）を選んだかによってほぼ決まり、組織はそれほど重要ではない（Porter, 1980; Schmalensee, 1985）。経営成果を規定する上で戦略の方が組織よりも重要であるならば、まず戦略を決め、しかる後にそれに合わせて組織を設計するのが適切だということになり、組織を研究する魅力は薄らいでいく。経営組織論をそれ固有の領域として研究するのではなく、経営戦略の領域にまで一歩踏み込んで研究を進める必要があるという認識が広がっていった。実際、奥村・榊原・野中の三人は、Hofer and Schendel (1978) の翻訳なども行いながら、戦略の概念を吸収し、その知見を『日米企業の経営比較』における質問調査票の設計に役立てている。

もうひとつの変化、すなわち組織文化論の導入は、一九八〇年前後の「ゲシュタルト」の「発見」に由来する。加護野（一九八一）は、経営組織論の新潮流として、組織構造ではなく、「組織風土、組織文化あるいは組織体質とよばれてきた組織の潜在的特性」(6)の形成・維持・変革に関する研究が登場してきたことを指摘している。このような問題認識の背景にあるのは、Miles and Snow (1978) や Miller (1981) などの指摘である。これらの論者は、組織構造と環境が適合していることが高い経営成果に結びついているというよりも、戦略と組織構造と組織プロセス（組織内の人間行動）の間に一貫したパターンが形成されているときに経営成果が高くなると指摘している。戦略と組織構造と組織プロセスがそれぞれ成果に対して固有の効果をもたらすと考えるのではなく、それらがワンセットで形成している全体（ゲシュタルト）が重要だということになれば、戦略・構造・プロセスの背後に何らかの「目に見えない背後の構造」が存在すると考えられることになる。このように考えて、加護野（一九八一）は、組織成員の行動を規定し、戦略の作り方のパターンを規定し、組織の構造化を背後で規定している組織成員たちに共有された「ものの見方」に注目し、組織文化論や「パラダイムとしての組織」という視点に到達する。特に、「組織文化が組織成員の行動を規定している」という側面のみに注目するのではなく、その組織文化の変革を視野に入れた組織変動論を構築しようと考えた加護野は、パラダイムや組織学習論、シンボリズムに注目していく。(7)

構造的コンティンジェンシー理論から組織文化の変動を捉える研究にシフトしようという加護野の議論を通じて、組織構造の重要性は大きく低下していくことになった。まず第一に、組織文化・パラダイム論へのシフトは、その理論上、構造の背後にある組織成員のパラダイム（ものの見方・考え方）や知識・行動様式を重要視する。この立場に立てば、構造は組織成員の行為を直接規定するものではなく、組織にとって重要な価値をシンボルとして伝達する手段の一つとして位置づけられることになる。また第二に、このような研究を進めるにあたって方法論が変化することを加護野が示唆していた点も重要である。「新しい理論は、コンティンジェンシー・セオリストが用いてきたような精巧な定量的、横断面的、マクロ的分析にかわって、行為主体が付与した意味を捉えうる発見的、定性的、経時的、叙述的、ミクロ的分析を要請する」(8)と加護野は指摘している。質問票を用いた大量観察の方法は、その方法自体が基本的にワンショットの横断面的データをもたらすが故に、安定的な構造に関する推論を促す傾向があり、プロセスの把握には適していない(9)。逆に、調査対象者の「語り」を通じて時の経過の中で生起するリアリティを把握していく質的調査法は、行為者の付与する意味や意図などを浮き彫りにする代わりに、組織構造に関する意識を後背に追いやることになる。

2　転換点としての『日米企業の経営比較』

戦略論と組織文化論・パラダイム論を取り込んだ野中・加護野・榊原・奥村は『日米企業の経営比較』の中に経営戦略に関する議論をふんだんに盛り込むと共に、組織文化の変化に関する議論を盛り込んでいく。質問票の配付自体は一九八〇年四月～八月であるから、同書が計量分析に用いたデータには組織構造論の色彩が色濃く残されている。しかし、同時に、その出版（一九八三年四月）までの間に蓄積された事例研究と組織文化論・パラダイム論・組織学習論等の知見が、この計量分析とは別に盛り込まれている。『日米企業の経営比較』は、まさに一連の組織構造論の最後の業績であると共に、新製品開発を戦略的に活用して知識・行動様式を変革していくプロセスの研究という新しい方向への最初の一歩でもあった。

同書は、図1に見られるように、組織特性を横軸に、戦略特性を縦軸に用いて組織の環境適応類型を四つに分

図1　環境適応の4類型

組織特性（←→）

戦略の特性：オペレーション志向（↑）／プロダクト志向（↓）

	グループ・ダイナミクス	ビュロクラティック・ダイナミクス
オペレーション志向	**H型適応** (1)小さなバリエーションの創発的発生 (2)集団内相互作用 ルースに連結された集団間相互作用 (3)パラダイムに拘束されない学習	**B型適応** (1)小さなバリエーションの受動的発生 (2)階層，規則，プログラム (3)シングル・ループ学習 （パラダイム維持）
プロダクト志向	**V型適応** (1)大きなバリエーションの能動的発生 (2)ルースに連結されたチーム あるいは個人 (3)パラダイム変革的学習	**S型適応** (1)大きなバリエーションの能動的・受動的発生 目的志向的バリエーション (2)階層，規則，プログラム，自己充足化，計画 (3)ダブル・ループ学習発生

(1)バリエーションのタイプと発生プロセスの特徴
(2)バリエーションの削減プロセスの特徴
(3)学習あるいは学習棄却プロセスの特徴

（出所）加護野他（1983），229，230，249頁を合成して作成。

類する枠組みを結論部分で提示している。横軸の組織特性は、グループ・ダイナミクスとビュロクラティック・ダイナミクスという二つの極によって表現されている。環境の不確実性への対処の仕方として、集団の濃密な相互作用を重視することをグループ・ダイナミクスと呼び、エリートたちがデザインする官僚制機構の運用・修正を重視する志向性をビュロクラティック・ダイナミクスと呼んでいる。また、縦軸の戦略特性は、生産プロセスによる競争を重視するオペレーション志向と、製品特徴による競争を重視するプロダクト志向に分けられている。それぞれのセルはその特徴に応じてH型、B型、V型、S型と名付けられている。それぞれ人間関係（human relations）、ビュロクラシー（bureaucracy）、ベンチャー（venture）、戦略（strategy）の頭文字をとっている。

この縦横二軸の空間上に日米の代表的な企業を位置づけながら、『日米企業の経営比較』は次の二つの結論を実証研究に基づいて強調する。

①一般的な傾向として、日本企業はグループ・ダイナミクスに基づいて産現場のオペレーションを中核とした競争優位を重視し、アメリカ企業はビュロクラティック・ダイナミクスに基づいて製品戦略を基礎にした競争優位を志向している。(10)

②日米両国とも優良企業は価値・情報の共有を中心とした濃密な相互作用(グループ・ダイナミクス)を重視すると共に、ルールや計画による組織的統合(ビュロクラティック・ダイナミクス)も重視している。(11)

以上のように実証研究の結果を整理した上で、環境変化の規模が大きくなる今後の経営環境に日本企業が対応するためには、グループ・ダイナミクスを通じてプロダクト・イノベーションを追求していくこと、すなわちV型適応の類型へと変化していくことが重要である、と加護野他は主張する。

ここで注目するべきポイントは、①理論として構造論からプロセス論に移行しているのと同時に、②構造的なアプローチよりもプロセス的なアプローチの方が経営成果という点でも望ましいという考え方が、この議論の中から読み取れる点である。

五　実証的戦略研究の組織観

プロセス論にシフトしていることは図1の各セルに盛り込まれた文言を見れば自明であろう。そこに見られる組織構造に関する記述は「階層、規則、プログラム、自己充足化、計画」のみであり、その他の文言はWeick (1979)や企業パラダイム論、組織学習論の影響を強く受けた組織プロセスに関連するものである。しかも、同書によれば、組織構造を操作することで環境に適応しようというビュロクラティック・ダイナミクスには大きな問題が潜んでいる。S型適応は「組織の階層化が進められると、下位の自由な対応が困難(12)」になり、「部門エゴや手段の目的化、過大な文書作業や繁雑な手続きなどビュロクラシーの弊害」[13]が現われる危険性があるために、その種の問題から自由なV型適応の移行が推奨されているのである。つまり、環境不確実性の高低とはかかわりなく、構造を操作する環境適応法（ビュロクラティック・ダイナミクス）は劣化しやすく、集団の濃密な相互作用による経営は健全である、という暗黙の仮定が置かれているのである。

「組織構造は、学問的にも興味深い対象ではなく、経営実践という点でも有効な手段ではない。重要なのは、組織文化・パラダイムであり、それを生成・維持・変革する人々の相互作用である。」このような認識に基づいて、同書の後、著者たちは新製品開発を通じた企業（文化・パラダイム）の自己革新に関する研究を遂行していくことになる。

たとえば野中は日本企業による製品開発プロセスの研究を主としてインタビュー調査によって遂行し、その理論的な解釈枠組みとしての情報創造・知識創造プロセスの研究を創始することになる（野中、1985）。その後、オーバーラップ型の製品開発プロセスの研究（Imai et al., 1985）や、ミドル・アップ・ダウン・プロセスを強調する研究（Nonaka, 1988）などの実証研究を経て、野中独自の知識創造論がまとめ上げられ、国際的に非常に大きな影響力を発揮していく（野中、一九八五、一九九〇、Nonaka, 1994; Nonaka and Takeuchi, 1995）。[14]同様に加護野も、組織文化論・パラダイム論の研究を発展させて、パラダイム変革の研究を進め、実務家たちが実際に用いている日常の理論をカギ概念として『組織認識論：企業における創造と革新の研究』（一九八八）を公表する。榊原も、野中・加護野・奥村・竹内と共に、新製品開発を通じた企業の自己革新に関する研究プロジェクト（『企業の自己革新』（一九八六））に従事すると共に、やはり組織構造ではなく、経営戦略の側の研究、とりわけドメイン（組織の生存領域）の定義に関連した研究を創始する（榊原、一九八六）。

かつて日本における構造的コンティンジェンシー理論の実証研究を中核的に担った一連の研究者たちは、戦略の概念を積極的に取り込もうと努力を開始した時点から徐々に組織構造の議論から離れ、組織成員の知識・行動様式（文化とプロセスの中間的な概念）と、新製品開発を通じた組織文化変革の研究に進んでいった。そこで多用されたインタビュー調査等の質的方法が構造よりもプロセスの把握に適したものであることも手伝って、日本における組織構造研究は一九八〇年代初頭以後急速に勢いを失い、戦略論・組織論における構造概念が希薄化していったのである。こうして、ドメインやビジョン、ミッションのような経営戦略の概念と、組織成員の知識・行動様式（文化とプロセスの中間的な概念）が直接連結され、途中を構造が媒介しない経営戦略論・組織論が一般化してきたのである。

五　おわりに

本稿の主張してきた内容を、「目に見える構造」の変動という問題から、その背後にある「目に見えない構造」の変動という問題へのシフトが見られたと表現しても間違いではない。実際、この後、組織文化やパラダイムという概念以外にも、構造を生成する自己組織化のプロセスやギデンズの構造化理論など、既存の構造論とは異なる「新たな構造論」に基づいた経営学的研究が生み出されてきた（Giddens, 1984; Prigogine and Stenger, 1984）。つまり、構造論が衰退したというよりも、構造概念が変質したと捉えるべきだという考え方も成立するのである。実際、筆者もそのような新たな構造概念を基盤として、旧来の構造概念では行為者の行為を一意的に規定できないこと、それ故に大量サンプルを用いた量的方法ではなく質的な調査法を活用した事例分析にも十分な意義があることを主張する研究を行ってきた（Numagami, 1997; 沼上、二〇〇〇）。

しかし、構造概念の変質という議論が妥当であったとしてもなお、たとえば、「事業部はどのくらいの規模で設計するべきか」とか、「製品コンセプトの決定権限は係長クラスに多く与えるのが良いのか、それとも部課長レベルに多く与えるべきか、事業部長レベルに与えるべきか」、「機械的組織と有機的組織のどのようなバランスをとるのが適切なのか」というような旧来の構造概念を用いた組織構造論・組織設計論が活発には研究されない時期が長く続いてきたという本稿の主張も同時に成立するものと思われる。また、筆者自身がかつて主張したように、これら旧来の意味での組織構造では行為者の行為を一意的に規定することがたとえ不可能であるとしても、旧来の意味での組織構造がまったく行為者に影響を及ぼさないわけではない（沼上、二〇〇〇）。実際、筆者自身が取り組んでいる日本企業の実証研究の現場観察に基づくならば、巨大化した日本企業の改革は、新製品開発を契機として全社的な視点転換運動を行うことだけでは成功しないように思われる。日本企業の経営成果を高める上で、いまだに集団内の相互作用を通じた創発戦略が重要であるとしても、それを阻害しない構造の工夫について実証研究を積み重ねることは今でも十分に高い意義をもつものと思われる。このように考えて、筆者自身も現在そのような知見の積み重ねを目指して組織の〈重さ〉プロジェクトを遂行し、組織構造研究を再活性化している（沼上他、二〇〇七）。今後の組織構造研究の再活性化がより広範に見られる時代が来ることを期待して、本稿を締めくくることにしたい。

注

（1）　もともと経営組織論者も戦略を重要な変数として取り込んでおり、経営戦略論も組織を戦略実行の主要な要素として扱っている。たとえばChild（1972）は本来組織論者であるが、その組織が適応するべき環境を自ら戦略的に選択（strategic choice）できることを指摘しているなど、戦略という概念は組織論者にもなじみ深いものである。逆に戦略論においても、そもそも組織デザインは戦略実行（strategy implementation）の主要な項目として位置づけられている。以下で主たる議論の対象とする野中・加護野・榊原等の研究者は、国際的な学界における位置づけによれば、戦略プロセス学派に分類されることになると思われる。戦略プロセス学派（process school）とは、経済学をベースとした経営戦略論をコンテント学派（content school）と呼ぶのに対比して用いられる用語であり、基本的には組織論や経営学を基礎に置いて戦略を研究する立場の総称である。

(2)　厳密にいえば、組織構造のコンティンジェンシー理論と構造的コンティンジェンシー理論は異なる考え方であるという立場を取ることができる。その場合、一般名称は前者であり、後者はPennings（1998）の立場を指すということが想定される。しかし、本稿ではこれらの論者の差よりも共通点の方が大きいと考え、総称として構造的コンティンジェンシー理論という用語を用いることにする。

(3)　実際、筆者の記憶では、一九八〇年の夏に行われた三商大討論大会で加護野は「コンティンジェンシー理論はもう終わった」と学生に対して述べたと間接的に伝え聞いている。既に主要な研究が出尽くしたという意味であったと筆者は理解している。

(4)　これ以外に、Donaldson（2001）は、規模に関するコンティンジェンシー関係についての研究もコンティンジェンシー理論に含めている。典型的には、Pugh and Hickson（1976）、Mintzberg（1983）、Donaldson（2001）などである。しかし、アストン研究などは成果変数を明示的に含めていないので、コンティンジェンシー理論に入れるべきではないという岸田民樹教授のご意見に従い、ここでは二つの研究群に絞り込むことにした。

(5)　これらは組織文化論やパラダイム論などよりも米国では主流の組織論であり、社会科学的にも興味深い知見を生み出してきた理論運動であったが、日本の実証系戦略論・組織論研究者たちはこの方向への追随を行わなかった。

(6)　加護野（一九八一）、九二頁。

(7)　それぞれ、①パラダイムは科学の定常的進歩と革命的進歩を説明する概念であること、②組織学習論には単純な繰り返しによる学習（シングル・ループ学習）だけでなく前提を疑う学習（ダブルループ学習）という考え方が存在したこと、③人々の思考の枠組みを変革する手段として経営者のシンボリックな行為などが重要であること、などが注目された理由である。

(8)　加護野（一九八一）、一〇八頁。

(9)　単発の質問調査法ではなく、継続的なパネル・スタディを行えば、この点は少し緩和できると思われる。しかしそれでもなお、時間展開の中で生じてくるプロセスの把握・記述に関して質問票調査が適しているとは言い難い。この点は組織の〈重さ〉研究の問題点でもあろう。

(10)　「日本企業は全体として左上の部分に位置し、米国企業は右下の部分に位置する。…（中略）…日本企業は、それぞれの比較対象となる米国企業よりも、一般にオペレーション志向戦略とグループ・ダイナミクスへの依存度が高いのである。」同書、一八一頁。

(11)　「日米ともに好業績企業は、低業績企業と比べると、組織の構造化をより進めると同時に、価値・情報の共有、長期志向の人事と評価、経営理念の制度化、計画的ジョブ・ローテーションを強めている。前者がビュロクラティック・ダイナミクスの要素であり、後者がグループ・ダイナミクスの諸要素であることに注目すれば、日米の好業績企業は、グループ・ダイナミクスとビュロクラティック・ダイナミクスを同時に極大化するような行動をとっているといえるであろう。」同書、一九一―一九二頁。

(12)　加護野他（一九八三）、二五三頁。

(13)　同書、二五三頁。

(14)　二〇〇九年三月時点における *The Knowledge Creating Company* の被引用件数はGoogle Scholarによれば一万一八四件である。これはMarch and Simonの *Organizations* の七六四三件よりも多い。

参考文献

Bavelas, Alex, "Communication Patterns in Task-Oriented Groups," in Cartwright, Dorwin, and Alvin Zander, (eds.), *Group Dynamics: Research and Theory,* 3rd. Ed., New York: Harper & Row, 1968, pp. 503-511.

Burns, Tom, and G. M. Stalker, *The Management of Innovation,* London: Tavistock, 1961.

Chandler, Alfred D., *Strategy and Structure: Chapters in the History of the American Industrial Enterprise,* Cambridge, MA: The MIT Press, 1962.

DiMaggio, Paul J., and Walter W. Powell, "The Iron Cage Revisited: Institutional Isomorphism and Collective Rationality in Organizational Fields," *American Sociological Review,* Vol. 48, No. 2, 1983, pp. 147-160.

Donaldson, Lex, *The Contingency Theory of Organizations,* Thousand Oaks: Sage, 2001.

Downey, H. Kirk, Don Hellriegel, and John W. Slocum, Jr., "Environmental Uncertainty: The Construct and Its Application," *Administrative Science Quarterly,* Vol. 20, No. 4, 1979, pp. 613-629.

Duncan, Robert B., "Charcteristics of Organizational Environments and Perceived Environmental Uncertainty," *Administrative Science Quarterly,* Vol. 17, No. 3, 1972, pp. 313-327.

Galbraith, Jay R., *Designing Complex Organizations,* Reading, MA: Addison-Wesley, 1973.

Galbraith, Jay R., *Organization Design, Reading,* MA: Addison-Wesley, 1977.

Giddens, Anthony, *The Constitution of Society: Outline of the Theory of Structuration,* Cambridge: Polity, 1984.

Hannan, Michael T., and John Freeman, "Structural Inertia and Organizational Change," *American Sociological Review,* Vol. 49, April 1984, pp. 149-164.

Hannan, Michael T., and John Freeman, "The Population Ecology of Organizaitons," *The American Journal of Sociology,* Vol. 82, No. 5, 1977, pp. 929-964.

Hofer, C. W., and Dan Schendel, *Strategy Formulation: Analytical Concepts,* St. Paul, MN: West, 1978.（奥村昭博・榊原清則・野中郁次郎訳『戦略策定』千倉書房、一九八〇年。）

Imai, Ken-ich, Ikujiro Nonaka, Hirotaka Takeuchi, "Managing the New Product Development Process: How Japanese Companies Learn and Unlearn," in Clark, Kim B., and Robert H. Hayes, and C. Lorenz, (eds.), *The Uneasy Alliance: Managing the Productivity-Technology Dilemma,* Boston, MA: Harvard Business School Press, 1985.

Jantsch, Erich, *The Self-Organizing Universe: Scientific and Human Implications of the Emerging Paradigm of Evolution,* Oxford: Pergamon Press, 1980.

加護野忠男『経営組織の環境適応』白桃書房、一九八〇頁。

加護野忠男「経営組織論の新展開」『国民経済雑誌』第一四三巻第四号、一九八一年、九二—一一三頁。
加護野忠男『組織認識論—企業における創造と革新の研究—』千倉書房、一九八八年。
加護野忠男・野中郁次郎・榊原清則・奥村昭博『日米企業の経営比較—戦略的環境適応の理論—』日本経済新聞社、一九八三年。
加護野忠男・上野恭裕・吉村典久「本社の付加価値」『組織科学』第四〇巻第二号、二〇〇六年、四—一四頁。
Lawrence, Paul R., and Jay W. Lorsch, *Organization and Environment: Managing Differentiation and Integration*, Boston: Division of Research, Graduate School of Business Administration, Harvard University, 1967.
March, J. G., and H. A. Simon, *Organizations*, New York: John Wiley & Sons, 1958.
Meyer, John W., and Brian Rowan, "Institutionalized Organizations: Formal Structure as Myth and Ceremony," *The American Journal of Sociology*, Vol. 83, No. 2, pp. 340-363.
Miles, Raymond E., and Charles C. Snow, *Organizational Strategy, Structure, and Process*, New York: McGraw-Hill, 1978.
Miller, D., "Toward a New Contingency Approach: The Search for Gestalts in Organizations," *Journal of Management Studies*, Vol.18, Issue 1, pp. 1-26.
Mintzberg, H., "Strategy-Making in Three Modes," *California Management Review*, Vol. 16, No. 2, 1973, pp. 44-53.
Mintzberg, H., *Structure in Fives: Designing Effective Organizations*, Englewood Cliffs, NJ: Prentice-Hall, 1983.
野中郁次郎『組織と市場—組織の環境適合理論—』千倉書房、一九七四年。
野中郁次郎・加護野忠男・小松陽一・奥村昭博・坂下昭宣『組織現象の理論と測定』千倉書房、一九七八。
野中郁次郎『企業進化論—情報創造のマネジメント—』日本経済新聞社、一九八五年。
Nonaka, Ikujiro, "Toward Middle-Up-Down Management: Accelerating Information Creation," *Sloan Management Review*, Vol. 29, No. 3, 1988, pp. 57-73.
野中郁次郎『知識創造の経営—日本企業のエピステモロジー—』日本経済新聞社、一九九〇年。
Nonaka, Ikujiro, "Dynamic Theory of Organizational Knowledge Creation," *Organization Science*, Vol. 5, No. 1, 1994, pp. 14-37.
Nonaka, Ikujiro, and Hirotaka Takeuchi, *The Knowledge-Creating Company: How Japanese Companies Create the Dynamics of Innovation*, Oxford: Oxford University Press, 1995.
Numagami, Tsuyoshi, "The Infeasibility of Invariant Laws in Management Studies: A Reflective Dialogue in Defense of Case Studies," *Organization Science*, Vol. 9, No. 1, 1998, pp. 2-15.
沼上　幹『行為の経営学—経営学における意図せざる結果の探究—』白桃書房、二〇〇〇年。
沼上　幹・軽部　大・加藤俊彦・田中一弘・島本　実『組織の〈重さ〉—日本的企業組織の再点検—』日本経済新聞社、二〇〇七年。
Pennings, Johannes M., "Structural Contingency Theory," in Drenth, Pieter J. D., Henk Thierry, and Charles J. de Wolff, (eds.),

Organizational Psychology, East Sussex, UK : Psychology Press, 1998, pp. 39-60.

Perrow, Charles, "A Framework for the Comparative Analysis of Organizations," *American Sociological Review,* Vol. 32, pp. 194-208.

Polanyi, Michael, *The Tacit Dimension,* London : Routledge & Kegan Paul, 1966.

Porter, Michael E., *Competitive Strategy,* New York: Free Press, 1980.

Prigogine, Ilya, and Isabelle Stengers, *Order out of Chaos: Man's New Dialogue with Nature,* New York : Bantam Books, 1984. (伏見康治・伏見　譲・松枝秀明訳『混沌からの秩序』みすず書房、一九八七年。)

Pugh, Derek S., and D. J. Hickson, *Organizational Structure in Its Context : The Aston Programme 1,* Farnborough, Hants : Saxon House, 1976.

Rumelt, Richard P., *Strategy, Structure, and Economic Performance, Boston,* MA : Division of Research, Harvard Business School, 1974.

榊原清則「組織の環境認識の構造：ドメイン・ユニバースの理論」『組織科学』第二〇巻第二号、一九八六年、五二―六二年。

Schmalensee, Richard, "Do Markets Differ Much?" *American Economic Review,* Vol. 75, June 1985, pp. 341-351.

Schoonhoven, Claudia Bird, "Problems with Contingency Theory : Testing Assumptions Hidden within the Language of Contingency 'Theory'," *Administrative Science Quarterly,* Vol. 26, No. 3, 1981, pp. 349-377.

竹内弘高・榊原清則・加護野忠男・奥村昭博・野中郁次郎『企業の自己革新―カオスと創造のマネジメント―』中央公論社、一九八六年。

Thompson, James D., *Organization in Action,* New York : McGraw-Hill, 1967.

Weick, Karl E., *The Social Psychology of Organizing,* 2nd. Ed., New York : Random House, 1979.

Williamson, O. E., *Markets and Hierarchies : Analysis and Antitrust Implications,* New York : Free Press, 1975.

Woodward, Joan, *Industrial Organizaion : Theory and Practice,* London: Oxford University Press, 1965.

吉原英樹・佐久間昭光・伊丹敬之・加護野忠男『日本企業の多角化戦略』日本経済新聞社、一九八一年。

六　ステークホルダー論の組織観

藤井一弘

一　はじめに

「ステークホルダー」という言葉は、現在、日常用語の域にあると言えるだろう。一般紙の国際面で「中国を国際政治の真のステークホルダーにする」といったセンテンスを見た記憶すらある。このような現象は一方で、「ステークホルダー」について論じているモノの総体としての「ステークホルダー論」の全貌を把握するのを著しく困難にもしている。「何あるいは誰がステークホルダーとして認識されるのかという問題について」ではあるが、「ステークホルダー理論は、さまざまな徴候の狂い咲きといった状態（a maddening variety of signals）を呈している」とも論じられている（Mitchell, R. K., et al., 1997, p. 853）。そこで、このような状態に悪のりするわけではない――弁解じみてはいるかもしれない――が、ここでは、報告者にとって「ステークホルダー論」を代表（represent：表象）していると思われる若干の言説から、その「組織観」を抽出したうえで、批判的な考察を行うこととしたい。

さて、少々、横道に逸れるようだが、本題の「ステークホルダー論の組織観」に入る前に、いわゆる組織間関係論の組織観について報告者が考えるところを、ごくかいつまんで述べておきたい。それは端的に言うと、組織間関係論者は何をもって組織と考えているのか、ということである。特徴的な物言いを取り上げてみよう。

> 組織間関係は組織と組織との間の（…）つながり、結びつきである。組織間関係には、……資源（…）の交換関係がある。こうした取引を超えて、二つ以上の組織が協力・協働して事業展開や開発・生産・販売などを行う組織間共同行動（joint action）や同じ問題に直面した組織間でつくられる共同組織も含まれる。それは、合弁、業務提携、業界団体など多様な形をとる。そして組織間には支配－従属関係（パワー）や共有された文化が生ずることもあり、それも主要な対象となる。…（改行）…組織間調整メカニズムは組織と組織の関係を調整する仕組みであり、合弁、業務提携、ロビイング、合併など多様なものが含まれる（神戸大学経営学研究室編、一九九九年、五八九頁、強調点は引用者による）。

社会現象の中から「調整された活動のシステム（Barnard, C. I., 1938）」を「組織」としてとらえて論じるのが「組織論」だとすれば、引用文の内容、特に強調点を付した部分は、少々、奇妙ではないだろうか。共同行動や共同組織は、「調整された活動のシステム」としての組織そのものではないのか。ましてや、そこには調整のための仕組みが用意されるのみならず、文化が共有されるまでになることもある、と言われているのである。

筆者は、組織間関係論者は「混乱」していると見なさざるをえない。このような混乱は、当該論者達が「組織研究者として組織現象を論じていない」ことから生じている。そこでは、法律的な観点からの企業ないし組織を一つの実体として、別の実体との関係が問われている――法律上も一つの実体である「合併」の例は、この観点から見ても齟齬をきたすが――。組織論は他の学問分野によって縁取られた組織概念を大前提として組織現象を研究する学問である、という立場ならばそれも良いだろう。しかし、そのような立場に甘んじるのを潔しとしないとすれば、当然、組織論の立場で輪郭づけた組織概念に基づいて組織現象が論じられねばならない。

さて、このような話題で始めたのは、多くのステークホルダー論者も組織間関係論者と類似の陥穽にはまっている、と考えられるからである。彼ら／彼女らが、「企業とステークホルダーの関係」と言うとき、「企業」をどのような観点から、どのようなものととらえたうえで、そのように言っているのだろうか。そこでも法律的な実体としての企業（営利社団法人）が暗黙裏に想定されているのではないだろうか。そうでなければ、企業と（ステークホルダーとしての）従業員、株主、経営者等々との関係といった議論にはならないだろう。ここでは、経営学としてのステークホルダー論の可能性を考えているのだが、まずは、それを念頭に置きながら、これまでのステークホルダー論の言説をいくつか取り上げて検討することから始めたい。

二　従来のステークホルダー論の問題系

先にふれたように、ステークホルダー論はよく言えば百花繚乱の状況にある。その中で、まずはフリーマンの名を挙げることに反対する意見は多くないだろう。彼の一九八四年の著作 *Strategic Management : A Stakeholder Approach* における「組織におけるステークホルダーは（明らかに）、組織目標の達成に影響を与えうる、ないしはそのことによって影響を与えられる何らかの個人ないしは集団である」(Freeman, E. R., 1984, p. 46) という定義はあまりにも有名である。ただし、その定義の直上で、フリーマン自身が「トンプソン (1967) の主張に即して」と述べているように、類似の考えはそれ以前から存在していたということも、付け加えておかれねばならない。後に、この定義はステークホルダーを「手段視」していると批判され、論争が繰り広げられたのも周知のことである。

しかし、フリーマンがそのような定義を導き出したのは、故ないことではない。自伝的記述をも含む彼の論考

(Freeman, E. R., 2005) に明らかなように、彼はウォートン経営大学院の Russel Ackoff によって率いられていた Busch Center でキャリアを始めたのであり、その頃センターでは、政府や他の中心的なステークホルダーと関係するメキシコの大醸造業者の戦略的方向を評価する際に、ステークホルダーというアイデアが用いられていたのだった。前掲の定義に直接つながる考え方を彼が明らかにしたのは一九七〇年代の終わり頃のようだが、一九八一年の Emshoff との論文では、ステークホルダー間により正確に資源を配分するにあたってマネジメント・サイエンスを適用するという期待に夢中だった——今や判断を誤っていたとは言いながら——と述べてもいる。この頃のステークホルダーという概念は、大企業の戦略的方向の再評価にあたって外部環境についての考えをまとめるために用いられており、現在のような経営倫理（学）とのつながりは皆無に近く、企業戦略（論）上の概念であったと言える。(1) 彼は一九八六年に Virgina and Darden School に移動したが、このことが「ステークホルダー理論」を経営学よりもむしろ倫理学に属するものとして解釈するのに役立った、というのが彼自身の述懐である。彼はやがて、ステークホルダーを手段でなく目的として扱い、企業をステークホルダーに役立つべく構成される存在として描くにいたる。ロールズの「無知のベール」に基づいてステークホルダー・マネジメントの「理念型」を提起しようとする仕事 (Freeman, R. E., 1994) もここに由来している、と容易に想像できる。

以上、簡単に見ただけでも、フリーマンは、その三〇年ばかりのステークホルダー理論研究の中で、立脚点を変容させながら、当該研究のいわゆる論争において重要なポジションを占めてきたと言えよう。以下では、それらの中の「問題系」として、主に、1　ステークホルダー諸理論の諸側面、2　ステークホルダー認識の問題を取り上げて、現状のステークホルダー論の組織観をできる限り、浮き彫りにしてみたい。

1　ステークホルダー諸理論の諸側面

諸々のステークホルダー理論が、それぞれにおいて浮き彫りにしようとしている諸側面とは、その⑴記述的側面、⑵道具的側面、⑶規範的側面である（Donaldson, T., and Preston, L. E., 1995）。

⑴は、協力的／競合的な、それぞれに固有の利害関心の布置（constellation）として現代企業（corporation）を記述するもので、そこに示された企業概念と観察された現実の一致によって、自らの立場を正当化しようとする。この立場が主に依拠する観察された現実とは、法的ないし司法的な場において、株主以外のステークホルダーの利害関心への配慮の要請が次第に拡大されてきたことである。しかし、このような法的な傾向への依拠は、経営固有の問題としてステークホルダー問題を論じることには直接つながらない。以下の⑵は、この弱点に対応するという性格をも有している。

⑵は、主に、ステークホルダー・マネジメントの実践と現代企業のパフォーマンスの関係を研究するための枠組みを確立しようとする。その立場の正当化は、ステークホルダー・マネジメントとパフォーマンスの間の正の相関を示すことによってなされる。何をパフォーマンスの尺度とするかという問題、そしてその尺度に依拠したとして、ステークホルダー・マネジメントがそれを極大化するための最適戦略である、ということの決定的証拠を獲得することの困難さが、この立場の難点である。[2] 実証的証拠を示すのとは別に、ステークホルダー・マネジメントが、「すでに定評がある」組織経済学的な諸理論で説かれていることと一致することをもって、自らの立場を正当化しようとする論者達も存在する。ただし、そこでの正当化の際に用いられる「効率」や「公正」といった概念は、結局のところでは⑶の規範的議論に近づかざるをえない。

そして⑶は、基底的なある種の道徳的／哲学的原則に基づいて、現代の株式会社（investor-owned corporation）の役割を解釈し、それらについての指針を提示しようとするものである。ここでは、基底的概念に訴えることによって、その立場が正当化される。基底的概念のうちで主なものとして、多元的な所有権理論（contemporary pluralistic theory of property rights）をあげることができるが、この際に当該所有権を要求しうるのは誰（何）

か、という問題が最重要なものとして浮上してくる。

「経営者（managers）とそれ以外のステークホルダーズによる、特定のステークホルダーズならびにそれらのステークの認識と、ステークホルダー・モデル内に包含される人々（*persons*）とは区別されるものとしての経営者の役割とマネジメントの機能（ibid., p.85）」が強調されるが、上述の所有権を誰（何）が要求しうるのかを確定するのは経営者――特権的と言っていいだろう――に他ならない。これが、かれらが「ステークホルダー理論は、その言葉の最も広い意味において managerial である（ibid., p. 67）」と言っていることの内実である。

2　ステークホルダー認識の問題

これまで述べたような経緯の中で、経営者はどのようにして誰（何）をステークホルダーであると認識しているか（ステークホルダー認識― stakeholder identification ―の記述的理論）、ならびに経営者は誰（何）をステークホルダーとして認識するべきか（ステークホルダー認識の規範的理論）が展開されている（Mitchell, R. K. et al., 1997）。

ステークホルダー認識における中心的な問題は、ステークホルダーズとそうでないもの（nonstakeholders）を容易に区別しうる理論の確立だが、優先されるステークホルダー（stakeholder salience）がどのような要因に基づいて特定されるのかも問題とされる。そこで参照されるのは、ステークホルダーになる可能性のある人ないし集団の属性としての「パワー」、「正当性」、「切迫度（urgency）」である。それらの属性の強度の変化に応じて、経営者は、誰（何）かを積極的に応答するべきステークホルダーとして認識することになる。普段からそれぞれの属性の強度を各々のステークホルダーに割り当てたマップを作っておくことによって、そしてそのマップの中で属性の強度がどのように変化しているかに注意を払っておくことによって、経営者は効果的なステークホルダー・マネジメントをなしうる、というわけである。

このような議論における問題点は、「正当性」がどのように認められるのか、ということである。「正当性は、一つの望ましい社会的善である。そしてそれは単なる個人的知覚以上に、より大きくかつ広く分かち持たれた何ものかであり、社会組織の多様なレベルで、さまざまに定義されたり交渉されたりするもの（ibid., p. 867）」であり、「二つ以上の社会的な分析のレベルで、あるステークホルダーに帰せしめられる、ないしはそのステークホルダーに関して知覚される一般化された美徳に基づく（ibid., p. 869）」。したがって、「客観的なものではなく、構築されたリアリティ（ibid., p. 868）」となる。他の二つの属性も社会的構築物という性格を帯びている。

正当性に関するミッチェル等の見解については、それはそれとして理解できるものであるとしても、「要求者は、彼ら／彼女ら自身の要求の正当性を正確に知覚するかもしれないし、しないかもしれない。同様に、経営者は、ステークホルダーが自分で持っている知覚と矛盾するようなステークホルダーの正当性に関する知覚を有するようになるかもしれない（ibid., p. 869）」という部分はどのように受けとめるべきだろうか。実際には、結局は、経営者の知覚が優先されると考えられるのである。(3)

3　現状のステークホルダー論の組織観

わずかな検討を通じてであるが、そこに浮かび上がってくるのは、ステークホルダー論における「経営者の特権性」である。この事情は、何らかの経営意思決定によって影響を受ける集団を認識し、その影響のアセスメントの必要性を説くにとどまる「ステークホルダー分析（stakeholder analysis）」も、そのアセスメントの結果を踏まえて企業目標を達成するために、どのように各々のステークホルダーの利害を統合するかを説く「ステークホルダー総合（stakeholder synthesis）」も、株主以外のステークホルダーを「道具的」に見ているのは変わらないと論じて、ステークホルダー論は経営判断における倫理的部分の充分な表現となっていないと批判するグッドパスターの議論にさえ垣間見える（Goodpaster, K. E., 1991）。

道具的という意味でstrategicを「ステークホルダー総合」に冠した彼は、それに対して株主の経済的利害と同等に多様なステークホルダーの利害を考慮する経営を提唱する「多元受託的ステークホルダー総合（multi-fiduciary stakeholder synthesis）」を、まず取り上げる。これは株主の受託者として、善管注意義務を超えた特別な義務である忠実義務を負う取締役という構図を株主以外のステークホルダーにも及ぼそうというアプローチであるが、後者に対して経営者がそのような義務を負うことは、むしろ株主に対する特別な義務に違背（矛盾）するという立場から攻撃を受けることにもなった。「ステークホルダー・パラドクス」と名付けられたこのような攻撃は、とりわけ英米において信託受託者という特別な存在が負うfiduciary類似の義務を株式会社の取締役も課されているという事情に注意しないかぎり、単なる論難にも見えかねないが、ともかくグッドパスターは、その攻撃に対して「多元受託的ステークホルダー総合」が説くところを実質的に活かす道を模索した。

彼が採用した論理構成は、経営陣（management）は、株主以外の集団に、「多元受託的ステークホルダー総合」が言うような付加的な忠実義務を負うというわけではなく、信認関係（fiduciary relationship）を取り巻く株主以外の諸集団に対して道徳的に重要なnon-fiduciaryな義務を負うのだ、ということであった。これらの義務はnon-fiduciaryであっても、『定言的（categorical）』で直接的である。それらは信認関係に根ざしてはいないが、少なくとも同じくらい深い（deep）それ以外の関係に根ざしている（ibid., p. 67）」というわけである。

経営者に高度な義務を負わせるのは、それに特権的な地位を与えるのと表裏一体である。それは、「これらのステークホルダー諸集団は、ある種の目的にとっての一つの手段として扱われないという権利を有しており、それゆえに、それらがステークを有している企業の将来の方向を決定することに参加しなければならない（Freeman, E. R., 2009, p. 67）」と立場を変えたフリーマンにしても変わるところがない。彼によれば、「経営陣、とりわけ最高経営陣（top management）は、現代企業の健全な状態（the health of the corporation）に配慮せねばならないし、このことは、対立するステークホルダーズの多元的な要求を釣り合わせることを含んでいる（ibid., p. 71）」のである。

さまざまなステークホルダー理論は、現代企業の統治の方法や経営陣が行為すべきやり方について、それぞれの規範的中核（normative core）に基づいて、それぞれの見解を打ち出してきた。フリーマンは、このような傾向に対して、経営陣にとっての言わば究極の参照項を提供しようとする――こういうわけで、それはStakeholder theory：「大文字」のステークホルダー理論と記されている――。前にもふれたように、ロールズの「無知のベール」をステークホルダーズが競合する状況に適用して、そのような状況の中で「公正」、「自律」、「連帯」を充たす契約が成立するとすれば、それはどのような基盤的なルールに基づいている必要があるか、が論じられる。経営者は、現実（実際の「合意」）が、フリーマンが列挙する六つの基盤的ルールをどの程度充たしたうえでなされたか、を常に省察しつつ行動することによって、その役割を果たしうる、というわけである。

簡単ではあるが、以上に見たように、現状のステークホルダー理論には、経営者が認識した各々のステークホルダーの利害を、経営者がその高度な自覚に基づいて釣り合わせていくといった考え方が濃厚である。経営者は、「主体」として「宙空」に存在し、その「高貴な義務」にしたがって、諸々のステークホルダーの利益となるような現代企業を成立させるというのが、敢えて言えば、そこに見られる「企業観ないし組織観」となるだろう。

以前から報告者は、「企業」を中心にして放射状に各ステークホルダー（その中には、「経営者」も含められていることがほとんどである）を配置した「ステークホルダー・マップ」を奇妙に感じてきた。というのは、そこに示されたステークホルダーズをすべて除いたとして、あとに残る「企業」というものを論理的に想定できなかったからである。強いて想像するなら、会社法のコンテクストで「擬制された」法人格といったものになろうが、これは本報告の冒頭に示したように、経営学の議論に法律上の概念を無前提に持ち込むものである。では、経営者を中心におけば、この「具合の悪さ」を解決できるだろうか。それも無理であろう。なぜなら、厳密に考えれば、経営者は、経営することにおいて、言い替えれば、経営するという行為を行うなかでそのつど経営者になるのであって、真空中にア・プリオリに経営者、言わば『大文字』の経営者」として存在するわけはないからである。(4) では、どのようなオルタナティヴがありうるだろうか。その概略を述べて、本稿を結びたい。

三　別の企業・組織像

筆者は、本稿冒頭で「経営学としてのステークホルダー論の可能性を考えている」と述べた。ここでの「経営学としての」というフレーズでは、manage（経営する）を「取り扱いにくいモノやコトをうまく取り扱う」という意味でとらえている。では、財やサービスの生産活動が成立している一つの「場」である「企業」を「うまく成立させ、取り扱うには」という観点から企業を見た場合、ステークホルダー論はどのようなものとして浮かび上がってくるだろうか。

まず、前節の結びに示したように、各ステークホルダーと独立した生産活動の場なるものは想像できないということである。ステークホルダーという概念をとりあえず生かしておくとすれば、各ステークホルダーの活動が交織する場こそが「企業」である、ということになるだろう（Rosenthal, S. B., and Buchholz, R. A., 2000）。これでも、いまだ徹底し切れていない憾みが残る。というのは、ステークホルダーという言葉自体が、何か先に在るものに賭けているということだからである。そして、その「先に在る」ものは「企業」ということにならざるをえない。このような自家撞着に陥らずに済ませるためには、まず、活動の交織する場——当然、それは「関係」である——があって、そこへの関わり方に応じて、さまざまに性格が異なる関係者——関係に賭けているという意味でのステークホルダー――が切り出される、と考えるしかない。

いささか荒唐無稽のようだが、この観点は、たとえば、システムというものを考えるとき、要素にまず目がいくか、それとも関係に目を向けるか、という二つの方法があるとして、その後者の方に与しているにすぎないと言えるものでもある。このことを「関係」を意味するrelationという英語自体に注目して敷衍してみたい。relationが独立の実体の間にある「関係」を表すというのは、「二つないしそれ以上の名辞（terms）を結びつける命題（a proposition）ないし命題関数（a propositional function）の構成要素」とか「ある事物（thing）と別の事物の間に存在する結びつき」といった意味（*Oxford English Dictionary* (2nd ed.)。以下の語源、語義、用例等についての記述は、すべて同書による）に近い。しかし、それらの意味にrelationが用いられるのは、十九世紀も後半になってからである。それ以前はどうだったかというと、「互いに比較・対照して諸事物を考慮する際に伴わざるをえない、それらの諸事物に共通する特徴ないし属性、…ある結びつき、照応、ないし連想されるもので、それらは諸事物の間に自然に存在するものとして考えられる。(That feature or attribute of things which is involved in considering them in comparison or contrast with each other; …; any connexion, correspondence, or association, which can be conceived as naturally existing between things.)」とあり、「共通項」をむしろ意味していた（一三九三年～一八七九年までの用例が収録されている）。

これは、奇妙なことでは、むしろない。relation (relate) の語源であるラテン語の*referre*（*re-* 後へ＋*ferre* 運ぶ＝運び戻す）は、referの語源でもある。そして、referは、「究極の原因、起源、（著者）ないし源としてのある人物ないし物事へ（何事かを）辿り、割り当て、属させ、あるいは帰させる (To trace (back), assign, attribute, impute (something) *to* a person or thing as the ultimate cause, origin, (author,) or source.)」（一三七四年～一八七一年の用例）ことであり、かつ「物事を、ないしは諸々の物事の類（class）をしかるべき場所に適切に包含ないしは包括されるものとして割り当てること(To assign *to* a thing, or class of things, as being properly included or comprehended in this.)」(一三七四年〜一八七五年の用例)を意味している。「運び戻す(*referre*)」から発した relation と refer は、当然のごとく「ある種の何か」で結ばれている。その「何か」から派出した各々は、別の性格を帯びても「共通項」を有し(relation があり)、その「共通項」はある手続きによって思い出させられる(refer される)。

組織間関係(inter-organization relation)は、「調整された活動のシステム」へと refer しうるし、おそらくは「調整された活動のシステム、すなわち調整された活動という要素からなるシステム」としての組織は、「調整された活動」ひいては「調整されつつあること」へと refer しうる。同様に、企業は「財やサービスの生産活動」へと refer できるし、と同時に、その活動に何ものかを賭けているという relation において、性格の異なるステークホルダーが現出し、そのステークホルダーたる所以は、その活動に refer することによって明らかになる。

いくらか具体的に述べてみたい。企業は、「財やサービスの生産活動」へと帰せしめることができるのだが、その活動自体もいくつもの関係からなっている。可能性として、いまだ現れていない「関係」があるゆえに、この関係をすべて挙げることはできない。したがって、例示にとどまるが、完成財・サービスの売買「関係」から販売者と消費者というステークホルダーが、原材料の売買「関係」から原材料供給者と製造者というステークホルダーが、資金の貸借「関係」から債権者と債務者というステークホルダーが、そして資金の出資かつ資本の保全「関係」から株主と法的な「会社」というステークホルダーが、雇用「関係」から雇用者と被用者というステークホルダーが現れ出る。リストは、まだまだ続く。このような関係の総体として「企業」が在ると言えよう。

そのような「関係としての企業」が成立しているとき、そこに「調整された活動のシステム」としての「組織」が存在し、「調整されている」ということにおいて「経営」がある、と言えるのである。

注

（1） (Freeman, R. E., 1983, pp. 32-35) によると、ステークホルダーという語は、経営学関連文献では一九六三年にStanford Research Institute (SRI) の内部覚え書きに初めて登場したが、それ以後、企業の社会的責任と関連させられることはあったものの、七〇年代初めまでは、ＳＲＩの継続的な研究とスウェーデンのRhenmanの業績を除いては低迷し、同年代半ばに「ステークホルダーの支持と相互作用でもってシステムの根本的な再設計をする」という構想のもとにAckoffによって再発見された。その後、同年代終わり頃から、戦略計画論に盛んに導入されるようになったのである。「ステークホルダーの枠組みと哲学は、……ポーターの理論の一般化を提供する (ibid., p. 48)」という彼の記述は、この時点での戦略論指向を如実に示している。

（2） Clarkson (1995) は、企業の社会的パフォーマンス (CSP：Corporate Social Performance) の効果的な分析・評価は、企業が関わるべき社会問題の曖昧さや、コンシューマーリズム、環境、そして貧困といった代理的尺度によって社会問題を定義したとしても、それらに企業が関わるべき理由や、いずれに関わるべきかについての説明を用意できなかったことによって妨げられてきたと論じて、企業実践の現実に根ざしたＣＳＰの評価のためのモデルを構想する。彼の調査枠組みは、マネジャーたちが、その義務や責任を、ビジネスの外部で生み出された「社会的責任 (responsibility) や応答 (responsiveness)」といった概念よりもむしろ、「生産・マーケティング・財務・会計・人的資源」といった職能上の規律にそって理解している (ibid., pp. 98-99) ことにそって構築されている。調査からの結論三点のうち一つで、彼は「企業とそのマネジャーたちは、社会との関係でなく、そのステークホルダーズとの関係をマネージしているゆえに、ステークホルダー問題と社会問題とを区別するのが不可欠である (ibid., p. 100)」として、「外部の観察者、財務分析者ないしは研究者は、このようなプログラム（従業員の訓練と開発、ないしキャリア・プランニングや、消費者とのコミュニケーションや苦情相談――引用者による）を企業の一部にとって社会的に望ましいことであるとか、社会的責任であると考えるかもしれないが、これらは実際は、そう決定する各企業の方針や選択の問題である。このような企業の決定は、必ずしもそれらが社会的に望ましいからではなく、通常は、従業員の生産性や消費者の満足のような市場の諸力に基づいてなされる (ibid., p. 105)」とも論じている。彼の市場重視の態度は、その研究から引き出した三つの実証されるべき命題のうちの一つ「これまで五年以上、その企業の属する産業の平均を超えた利潤を獲得している企業は、その本来のステークホルダー (primary stakeholder: その参与の継続が、ゴーイング・コンサーンとしての企業の生存に不可欠なステークホルダー――引用者による) の諸集団すべてにとっての富ないし価値を創造したと見られる (ibid., p. 111)」にも明らかである。しかし、五年以上産業平均を超える利潤というのが、パフォーマンスの尺度としてふさわしい理由については、説得的な議論がなされているとは今ひとつ言いがたい。

（3） (Phillips, R., 2003) にも同様の傾向がある。彼は、ステークホルダーを「経営上 (managerial) ないしは組織上の注意を払われるべき正当な対象である個人、ないしは諸個人からなる集団 (ibid., p. 25)」と一応、規定するが、「正当な」を明確にするため、その規範的基礎を探求する。まず、stakeholder fairness（大要、ある協働 (co-operation) から利益を得ようとする場合、受け容れなければならない義務を表す概念 (ibid., p. 26) であり、これを受容してはじめて、ある個人ないし集団がステークホルダーとして認められる）の原則に依拠して、「規範的正当性」と「派生的 (derivative) 正当性」が区別され、それぞれの正当性を有する個人ないし集団が「規範的ステークホルダー」と「派生的ステークホルダー」と名付けられる。組織がそのフェアネスの義務、つまり当該集団から得る利益に相応する義務を負う集団が「規範的ステークホルダー」であり、「派生的ステークホルダー」は、組織そのものや、その規範的ステークホルダーに対して潜在的効果を持ち、組織がその行為や要求を注視する必要があるステークホルダーである。これらの規定も、まず組織があって、それに対する関わりによってフェアネスの義務の有無が決まり、それによってステークホルダーか否か、さらに、どのような性格のステークホルダーであるかが決まってくる、という構図を共有していることを指摘しておきたい。

（4）　このような批判が、一見、当てはまらないような仕方で、企業とステークホルダーズについて規定したものもある。たとえば、「企業（corporation）は、それ自体、本来のステークホルダー諸集団（primary stakeholder groups）のシステム、すなわちさまざまに異なる権利、目標、期待、責任を有する諸々の利害集団の間（between and among）での諸関係の複雑な組み合わせ、として定義できる（pp. 107-108）」という（Clarkson, M. B. E., 1995）の規定は、「企業」と「ステークホルダーズ」という構図を逃れているようにも読める。しかし、各ステークホルダーがprimaryなもの（注（2）参照）か、secondary（「企業に影響を与える、ないしは作用する、あるいは企業によって影響を与えられる、ないしは作用を受ける諸集団ではあるが、企業との取引に携わらないか、企業の生存にとって必須ではない諸集団（ibid., p. 107)」）なものかは、先に企業が存在しない限り弁別できないし、企業の立場から弁別されるものでもある。また、フリーマンらも近著（Freeman, R. E., Harrison, J. S., and Wicks, A. C., 2007）で、より直截的な弁明を行っている。「それ（中央に企業を置くステークホルダー・マップ）は、企業（company）が宇宙の中心にあるという印象を与えることがあるが、しかしながら、これは誤解である。私たちは、あるステークホルダーの観点からも世界を見ることができる。……中央に鍵となるステークホルダーをおき、それに対するステークホルダーズを位置づけてみよ（ibid., pp. 62-63）」というのが、それである。しかし、企業を中心に考えるというのは、単にどのように図示されているかの問題ではない。引用文中にある「鍵となる」というのは、企業にとっての鍵であろう。また、彼らは、あるステークホルダーが複数のステークを持ちうることや、企業とステークホルダーの関係以外にステークホルダー間の関係もありうることを指摘して、その理論をより現実に即した複雑なものにしようと試みてもいる（ibid., pp. 64-67）が、「従業員でもあり株主でもある」存在とか、「労働組合が消費者運動と連携する」と言ってみても、ステークホルダー理論固有の困難性から逃れられるわけではない。なぜなら、それは、企業にとって従業員でもあり株主でもある「存在」があるとか、企業は連携した運動体とかかわらなければならない、と言っているに過ぎないからである。その「存在」や運動体が、「企業」に対する独立した実体であるのは同じである。

参考文献（本文中および尾注で直接的に引用・参照したものに限った。他は、第Ⅳ部「文献」を参照されたい。）

Barnard, C. I., *The Functions of the Exective*, Harvard University Press, 1938.（山本安次郎・田杉　競・飯野春樹訳『新訳　経営者の役割』ダイヤモンド社、一九六八年。）

Clarkson, M. B. E., "A Stakeholder Framework for Analyzing and Evaluating Corporate Social Performance," *Academy of Management Review*, Vol. 20, No. 1, 1995.

Donaldson, T., and Preston, L. E., "The Stakeholder Theory of the Corporation: Concepts, Evidence, and Implications," *Academy of Management Review,* Vol. 20, No. 1, 1995.

Freeman, R. E., "Strategic Management: A Stakeholder Approach," in *Advances in Strategic Management* (*Vol. 1*), JAI Press, 1983.

Freeman, R. E., *Strategic Management: A Stakeholder Approach,* Pitman, 1984.

Freeman, R. E., "The Politics of Stakeholder Theory: Some Future Directions," *Business Ethics Quarterly,* Vol. 4, Issue 4, 1994.

Freeman, R. E., "The Development of Stakeholder Theory: An Idiosyncratic Approach," in Smith, K. G., and Hitt, M. A. (eds.), *Great Minds in Management: The Process of Theory Development,* Oxford University Press, 2005.

Freeman, R. E., "A Stakeholder Theory of the Modern Corporation," in Beauchamp, T. L., Bowie, N. E., and Arnold, D. G. (eds.), *Ethical Theory and Business* (8th ed.), Pearson Prentice Hall, 2009.

Freeman, R. E., Harrison, J. S., and Wicks, A. C., *Managing for Stakeholders: Survival, Reputation, and Success,* Yale University Press, 2007.

Goodpaster, K. E., "Business Ethics and Stakeholder Analysis," *Business Ethics Quarterly,* Vol. 1, Issue 1, 1991.

神戸大学経営学研究室編『経営学大辞典（第二版）』中央経済社、一九九九年、「組織間関係」の項目（山倉健嗣による執筆）。

Mitchell, R. K., Agle, B. R., and Wood, D. J., "Toward a Theory of Stakeholder Identification and Salience: Defining the Principle of Who and What Really Counts," *Academy of Management Review,* Vol. 22, No. 4, 1997.

Phillips, R., "Stakeholder Legitimacy," *Business Ethics Quarterly,* Vol. 13, Issue 1, 2003.

Rosenthal, S. B., and Buchholz, R. A., *Rethinking Business Ethics: A Pragmatic Approach,* Oxford University Press, 2000.（岩田浩・石田秀雄・藤井一弘訳『経営倫理学の新構想―プラグマティズムからの提言―』文眞堂、二〇〇一年。）

七　組織学習論の組織観の変遷と展望

安藤史江

一　組織学習論とは

組織学習に関する研究は、経営組織論における非常に重要性の高い研究テーマの一つとして、一九九〇年前後より、内外の研究者・実務家双方の注目を集めている。その最大の理由は、現在のような変化の激しく、かつ不確実性の高い環境下では、変化への単なる対応だけでは十分でないこと。そのため、変化の先取りをも可能にするような組織の学習能力の獲得こそ組織存続の必須事項という認識や理解、危機意識が、人々の間で沸きあがったことにあると考えられる（Goh & Richards, 1997 ; Hult & Ferrell, 1997 ; Jerez-Gómez, Céspedes-Lorente & Valle-Cabrera, 2005）。

「学習」という言葉は、我々の日常生活で既に十分に普及している。そのため、改めて特別な説明など要しないようだが、念のため、学習心理学での定義を確認すると、学習とはいろいろな経験を通じて獲得された、安定的で永続的な行動や反応の変化（金城、一九九二）のことを指す。この定義に従えば、偶然に発生した行動変化や一時的な行動変化は学習という言葉にあたらないことになる。また、世間一般の受け止め方からすれば違和感もあろうが、永続的な行動変化であればそれが意図的か否か、もしくは良い結果か否かは関係なく学習とみなすことになる。たとえば、それまで真面目に仕事に取り組んでいた者が、新たな職場では多少手を抜いても物事が回っていくことを覚え、その理解に基づく行動をとるようになれば、それが組織にとって望ましくない行動変化であっても、「学習の発生」と捉えるわけである。

この「学習」の定義をもとにした「組織学習」の定義となると、断然その曖昧性は増し、混沌としてくる。その理由として少なくとも三点が挙げられる。第一は、そもそもすべての原点といえる、組織が学習するとはどういうことか、その議論にいまだ十分な決着がついていない点である。具体的には、学習するのは果たして組織なのか個人なのか、という議論を指す。個人に還元できない行動様式の発生を根拠に学習主体は組織であると明確に主張する立場から、単にメタファーとしての組織学習を想定する立場、組織のコンテクスト上での学習ではあっても、最終的に考え行動するのは「組織成員としての個人」とする立場まで幅広い。それらを統合しようとの試みも皆無ではなく、近年は特にそうした異なる立場の議論を積極的に橋渡ししようという動きが観察されなくもないが（Crossan, Lane & White, 1999）、十分に成功しているとはいえず、それぞれが並立したままであるのが実状と考えられる。

第二は、組織学習の成果の捉え方・評価の仕方も、論者間で統一されていない点を挙げることができる。組織学習論においても、結果の良し悪しにかかわらず安定的な行動変化を学習とみなす学習心理学の立場を踏襲している研究は少なくない（Levitt & March, 1988；Huber, 1990；安藤、二〇〇四）。しかしその一方で、Duncan & Weiss (1979) にその姿勢がよく現われているように、やはり「望ましい」成果が得られてこそ学習と捉える立場も根強く存在する。その望ましい成果の捉え方もそれぞれで、議論の提唱者が明確に意識しているか否かは別として、意識して目指すべき唯一最善の成果を想定する者もいれば（Argyris & Schön, 1978；Senge, 1990）、組織が直面している環境や学習ニーズによって自ずと状況適合的に望ましい成果は変わると考える者もいる（Miller, 1996；Wijnhoven, 2001）。さらにいえば、組織学習プロセスには、知識の獲得、移転、解釈、記憶という四つのフェーズがある（Huber, 1990）が、そのどのフェーズに焦点をあてるかによっても、成果の捉え方にはおそらく違いが生じることだろう。

第三は、研究者の組織観がそもそも異なる点である。上記の二点の統合・収束がなかなかに困難であるのも、決してこの点と無関係ではないだろう。組織というものに対する捉え方が異なれば、「組織の学習」への理解が異なるのも当然であるし、学習成果に対する受け止め方も変わってくるからである。それでは、組織学習論にはどのような組織観が存在するのだろうか。

二　組織学習論における三種類の組織観

組織学習論の既存研究は、組織観などの特徴に基づいて少なくとも三つのグループに大別しうると考えられる（安藤、二〇〇一）。三つとは、その諸々の特徴から想起される代表的な研究者の名を冠したArgyris系、Hedberg系、March系を指す。

Argyris系とは、組織変革の実現に主要関心をおく研究群である。従来の組織システムの機能不全に対処するために、事実発見的に原因をつきとめ、変革のための処方箋を考察するスタイルをとることが多い。「学習する組織」（Senge, 1990）などもここに該当すると考えられ、このグループにおける組織学習とは、明確な目標をもって意図的に行われる組織活動と捉えることができる。その意味では、Argyris系は、四つの組織学習フェーズのうち知識の獲得フェーズに主要関心が存在し、研究者だけでなく実務家やコンサルタントにも好まれる領域と捉えることができる。

また通常、経営組織論で重要な考察対象となる環境や資源、組織スラック、時間などの制約条件はほとんど明示的に検討されない一方で、組織成員による認知的な制約は非常に大きな学習障害とみなすことも忘れるべきでない特徴の一つといえる。そのため、組織成員の認知や行動様式を左右する組織コンテクストや行動理論をより適切なもの（Argyris & Schön (1978) でいえば、「O-IIシステム」）に転換することによって、組織の上層部はもちろん、ミドルやロワーなどあらゆる層の学習レベルの底上げ（ダブル・ループ学習実現のための下準備としての deutero-learning）を図ろうとする。つまり、ここでの学習主体は組織成員個人といえ、Argyris 系における組織観は「組織成員の集合体」と理解できそうである。

このように学習主体を個人とするためか、Argyris 系の組織観は、一般に経営学や経営組織論においてベースとされる組織観を考慮していないような印象を受ける。言葉を変えれば、組織がなくても成立してしまう議論ではないかとの危惧が拭えない。だが、明示されていなくとも、組織成員は組織のコンテクストや価値前提を各自の認知や行動の基盤として、組織の共通目標である組織変革の実現にむけて、意識的に調整された形で学習活動を展開している。だからこそ、Argyris & Schön (1978) でいえば、O-IシステムからO-IIシステムへの転換が必要とされるのであるし、Senge (1990) でいえば、共有ビジョンやシステム思考が必要とされるのである。つまり、潜在的にみれば、Barnard (1938) の協働システムに近い組織観が存在していると解釈することは決して荒唐無稽ではないだろう。

二番目の Hedberg 系は、組織価値の妥当性を確保するためのアンラーニング（棄却）(Hedberg, 1981) に主な研究関心がある。アンラーニングは日常的なレベルでは絶対に不可欠と限らないにしても、慣性が働き組織の柔軟性が損なわれる恐れがある、歴史が長く多くの成功体験を有する組織ほど、ラディカルな組織変化を求める際には非常に重要な活動となる。それだけに、より効果的なアンラーニングを実現しようとすれば、日常業務に関わる組織価値やルーティンも大切ながら、より全体的な、いわゆる企業レベルの組織価値に関心が集中しやすい。ちなみに、アンラーニングはArgyris & Schön（1978）でいうダブル・ループ学習と密接に関わる高次の組織学習となる。

企業レベルの価値にアクセス容易なのは組織の上層部であることが多いため、Hedberg系では経営陣（TMT: Top Management Team）の学習をもって組織学習と捉えるケースがしばしば散見される。彼らは、経営陣同士の意図的・自然発生的双方の相互作用を通じて、多様な組織価値やロジックの中から、現実に存在する諸々の制約条件と適度に折り合いをつけて、当該組織独自の成功のロジック、価値観、世界観（Praharad & Bettis（1986）の表現を使用すれば、「ドミナント・ロジック」）を形成し、共有し、組織全体への浸透を図る。これに伴い、経営陣以下の組織成員は、それを素直に受容し行動する無関心層として思慮外に置かれやすい。

つまり、Hedberg系では四つの組織学習フェーズのうち、解釈や移転フェーズに主たる関心があり、その学習主体を組織の顔である経営陣とみなす傾向が認められる。こうした点から、その組織観は経営陣が舵をとっている「一つのまとまった有機体」と解釈できる。組織的な解釈によって組織の知とみなす点では、Daft & Weick（1984）のいう「解釈システム」としての組織観が適合的といえる。だが、特定の複数の人間が協働して新たな価値や知識、意味づけを作り出していることを非常に重要視している点を考え合わせると、Barnardの組織観も当てはまらないわけではない。

最後のMarch系では、学習活動そのものというより学習成果としての組織ルーティンの変化や定着に、主たる研究関心が向けられることが多い。つまり、組織学習プロセスの記憶フェーズに関心があるということになる。ルーティンの形成にはあらゆる組織成員が関与可能なはずだが、一人ひとりの組織成員の動向や心理に焦点があてられることはまずなく、所与の条件として与えられた、決して無視できない制約条件の中、組織的な変数の操作により組織の知のレベルが被る影響について検討が行われることが多い。組織的な変数とは、具体的には、組織の社会化の程度や学習源の種類、組織内の学習者同士の距離、環境からの学習ニーズと組織の能力との乖離度などが挙げられる。研究方法としては、シミュレーションが好んで用いられる。その結果は試行間では互いに比較されるものの、パターンや数値の把握にとどまり、望ましい学習か否かという判断を伴わないのが通常である。

このように、March系での学習主体は、一人ひとりの組織成員でも一つのまとまった有機体としての組織でもなく、組織ルーティンそのものと考えられる。実際、組織に対してはほとんど関心を示しておらず、その組織観は「組織ルーティンの束」もしくは「単なる入れ物」という表現が相応しいと考えられる。Argyris系やHedberg系に倣って組織論の既存研究で相当するものを探せば、March & Simon (1958) の組織観がこれに近いといえるだろう。

三　近年、注目されているテーマ

1　実践コミュニティ

前述のように、大きく三系統に分類しうると考えられる組織学習研究には、続々と新たな研究テーマが登場している。その中の一つに、「実践コミュニティ (Communities of Practice)」(Brown & Duguid, 1991; Lave & Wenger, 1991; Wenger, McDermott & Snyder, 2002) がある。

実践コミュニティとは、「あるテーマに関する関心や問題、熱意などを共有し、その分野の知識や技能を、実践と持続的な相互交流を通じて深めていく人々の集団」(Wenger et al., 2002) と定義される。テーマに関心さえあれば、組織構造や階層、組織内での立場、それまでの経験などを問わず誰でも参加でき、関与の程度も個人の自由に委ねられている。こうしたルールから、実践コミュニティを活性化したいと強く願い、そのために貢献する者もいれば、自らは提供する情報を持たず、他の参加者から情報を得る利用目的のみで参加する者もいる。つまり、実践コミュニティとは、知の創造と交流を目的とした「学習する組織」もしくは「場」(Nonaka & Takeuchi, 1995) であり、その場を媒介として形式知・暗黙知双方に関わる学習活動が展開されるわけである。公式組織のみでは十分知のサイクルが機能しないとき、それを実践コミュニティという非公式組織で補完することで、期待する望ましい成果を得ようとの考え方といえる（安藤、二〇〇八）。考察対象として組織学習プロセス全体を捉えようとしているが、知識創造に関する記述の多さから、知識獲得フェーズがメインとの印象をどうしても受けやすい。

実践コミュニティにおける学習主体は、一人ひとりの参加者である。実践コミュニティに参加することによって、参加者は各自の学習レベルの底上げを図りながら、相互作用をしつつ、場の知識の蓄積に貢献していく。実践コミュニティでの学習は意図的にも、無意識的にも行われ、その結果の良し悪しは問わないというのが本来の姿であるが、実務界で活用される際はどうしても意図的で望ましい学習結果をもたらすことが求められがちとなる。これらの点を総合すると、実践コミュニティはArgyris系の組織観により近いと解釈できそうである。

ただし、実践コミュニティの研究は、率直に述べて、既存の多くのArgyris系の研究と比較しても、その組織観をより把握しにくい。たとえば、技術や専門に関する非常に高度な知識を、参加者同士で一層深めるための自主勉強会や異業種交流会なども、その代表的なあり方とされるが、そうしたコミュニティは、場としての目的が達成されたり場自体の魅力が薄れれば、容易に解散・消滅がありうるなど、組織としてはどうしても脆弱さが否めない。かりにコミュニティが消滅すれば、そこに埋め込んだ知識も大いに損なわれるはずだが、それについての否定的な見解もほとんど聞かれず、むしろ「役目を終えたことによる発展的な解消」として肯定的な評価を与えられることすらある。その理由には、たとえ実践コミュニティの参加者の共通目的の一つに、組織の存続や発展、組織へのより高度な知の埋め込みがあったとしても、実質的には、それよりはるかに上位の目的として、各人のスキルアップや知識の向上、いわゆる知識の獲得が存在するからではないだろうか。

実は、これはLave & Wenger (1991) による本来の実践コミュニティの概念とは、かなり異なる印象を受けるものである。Lave & Wenger (1991) では、徒弟制度を例にあげて、コミュニティの周辺部から参加を開始した者が、そこでの活動を通じて徐々に経験や知識、技能を蓄え、最終的にコア（中心部）に至るまでに、それと同時に技能そのものよりも大切な、そのコミュニティのビジョンや価値観、文化などを体得していることを主張していた。また、前述したように、学習の意識・無意識、また、合理性はともかくその内容の良し悪しは問うていない。つまり、元の議論では明らかに個人より組織の存在感が強い形で、言葉を換えればより組織観を意識した形で描かれているのである。

おそらく、こうした両者の違いは、想定するコミュニティの寿命の違い、もしくは、そのコミュニティにおける平均的な参加者の参加期間の違いから生じたものだろう。しかし、最近の研究でみられるようなこうした傾向があまり極端に進行すると、組織はまさに組織である必要が薄れた、単なる「場」にすぎなくなってしまう。言い換えれば、組織観が後退してしまう恐れがある。もしかりに、そのような事態を防ごうとするならば、まず、本来の概念では明示されていた組織成員間の相互作用と、それを通じた組織価値や文化の形成・伝播プロセスの記述・分析に改めて注力したり、共有ビジョンの意義や役割を強調した議論を行うなど、何らかの配慮をした研究が求められるのではないだろうか。

2　組織による即興

続いて、実践コミュニティと同様、新たに関心が寄せられるようになったテーマとして、「組織による即興」を取り上げる。組織による即興とは、従来の意思決定の仕方や物事の進め方では如何ともしがたい状況や予期せざる状況が発生したとき、その状況に直面した人々が即時的な判断で、全く新しい方法を試みながら協働して問題解決を図ることを指す (Barrett, 1998；Miner, Bassoff & Moorman, 2001；Vera & Crossan, 2004)。

即興では、デザインと実行との時間的乖離が非常に小さいことが大きな特徴であり、ときには実行しながら次の手を考えることすらある。最初に綿密な計画を立て、それに基づき実行することこそ、マネジメントのあるべき形と考える立場からすれば、「計画の失敗」、もしくは「行き当たりばったり」と批判されそうな行動パターンであるが、不確実性が高い昨今、高い創造性を柔軟に発揮できる能力の重要性がそれだけ高まっている証、とも理解することができる。

組織による即興が組織学習研究とみなされている理由は、それがアンラーニングの側面を強く有するからである。即興によって得られた新たな行動理論や価値は、既存の行動理論や価値観を捨て去り、それを置き換える形で成立している。もちろん、ワンステップでアンラーニングが実現できるわけではない。急を要するがそれと同時に多くの制約条件が存在する中、協働する組織成員がその時点で試みうる限りの、より創造性が高いと思われる方法を競い合うようにして次々に試み、最終的に全員が納得しうる新たな価値観や行動に辿り着いたときに初めて、成立となる。このようにステップそのものは多いが、こうした合意に至るまでの時間は、即興というだけあって非常に短い。要するに、極めて短時間のうちに可能な限り多くの組織学習サイクルを回すことで、アンラーニングを実現しているのが、即興と位置づけられるのである。

即興では、組織学習は基本的に望ましいことであり、そのため意図的に開始されるが、意思決定にあたって多くの制約条件があったり、どのレベルで協働者間の合意が成立するか完全には統制しきれないこともあり、結果まで意図的というわけにはいかない。いわば、即興によって実現できるのは、必ずしも最善とまではいかないにしても、少なくとも満足化水準を満たした形でのアンラーニングということになる。

こうした即興において学習主体を考える際、上記の過程から、一人ひとりの組織成員であると捉えることも可能かもしれない。しかし、即興の議論では即興成立の必要条件の一つを、「即興に関わる者はそれぞれ、その分野でのプロフェッショナルとして高い専門性や深い知識を有していること」と説明している。つまり、即興への参加者は決して誰でもよいわけではないのである。言い換えれば、すべての組織成員を学習可能対象として考えるArgyris系のスタンスよりも、組織を一つのまとまった有機体として扱い、経営の専門家である経営陣の学習をもって組織学習の成立とみなす、Hedberg系の発想と非常に近いと解釈される。さらにこの点に加えて、組織による即興の議論では、その主な研究関心はある程度制約が課せられている中での組織的な合意の形成プロセス、すなわち組織学習の解釈フェーズに向けられている。その点もHedberg系の組織学習研究と同様である。以上を総合的に評価すると、組織による即興の研究は、Hedberg系の組織観をほぼそのまま引き継いでいると捉えることができるのではないだろうか。

3　explorationとexploitationのバランス

March (1991) の論文がパイオニアとなり、その後活発化したのが、explorationとexploitationのバランスに関する議論である (Benner & Tushman, 2003; He & Wong, 2004; Gupta, Smith & Shalley, 2006; Dixon, Meyer & Day, 2007)。

“exploration”とは新たな知識の開発・獲得のための学習プロセスを指し、“exploitation”とは過去の知識を利用することによる学習プロセスを指す。正確にいえば綺麗には重ならず、微妙なニュアンスの違いはあるが、それぞれArgyris & Schön (1978) のダブル・ループ学習とシングル・ループ学習に近い学習活動と理解されることが多い。

いうまでもなく組織にとっては、explorationとexploitationは双方ともに重要な学習プロセスである。組織行動や意思決定を効率的に進めようとすれば、既に確立されている組織ルーティンやこれまでに蓄積されている情報・知識を利用することが必要になる一方、長期的な組織の発展のためには、たとえ短期的にみて効率が多少犠牲になっても、新たな知識を開発したり獲得する努力が不可欠と考えられるからである。ただし、人的資源にしても物的資源にしても、組織が一度に利用できる資源には限りがある。現在の効率実現のためと将来の発展に向けた投資のため、いずれを重視した資源配分を行うべきか。また、同時発生的に行うべきか、順次発生的に行うべきか。組織の目的や戦略、現在置かれている状況によっても異なるが、こうした問題はいつの時代でも変わらぬ組織の悩みだろう。そこで、explorationとexploitationの議論では、様々な状況を想定したり、その状況や組織に関する制約条件をいろいろと変化させる中で、どのような資源配分のバランスがどのような帰結（多くは、組織的な知のレベル）をもたらしうるか、確認・検討することを主な研究関心としているのである。

こうした研究関心から明らかなように、explorationとexploitationのバランスの議論では、環境や資源、時間などの制約条件は、無視できない非常に大きな所与の条件となっている。組織はそれら非常に多くの制約条件のもとで、許される限りベターな意思決定をする存在として位置づけられる。そのため、組織の学習活動はたとえ開始は意図的だったとしても、Hedberg系や即興の議論と同様、その内容・レベルまで完全な統制を行うことはできない。そもそも、二つの学習活動のバランスがもたらす「結果の把握」に関心が向けられているため、結果を統制しようとの意図すらない可能性も否定できない。

以上の点を考察すると、March（1991）の論文を理論的な土台として発展してきたこともあり、この議論は前述したMarch系と全く同一のスタンスに立つと受け止められそうである。最近では、Perretti & Negro（2006）

の論文が好例のように、exploration と exploitation、それぞれの学習活動を促進しやすいチームメンバーの組織内での地位や学習能力の高さ、バックグラウンドの違い、チームメンバーを選抜するプロセスなど、組織学習の結果に組織成員が与える影響についても大幅に考慮されるようになってきた。しかし、その分、その結果として組織ルーティンの定着過程や定着状況には一層強い関心が向けられるようになっており、研究対象も依然として組織ルーティンや知識レベルの変化パターンである。したがって、ここでの組織観は、「組織ルーティンの束」もしくは「単なる入れ物」という March 系の組織観をまさに踏襲したものと考えられるだろう。

四　組織観の変遷からみた展望

本稿ではまず、既存の組織学習論の組織観はその特徴や研究関心の違いから、Argyris 系、Hedberg 系、March 系の少なくとも三つに大別できることを改めて主張した。そのうえで、近年特に注目の高い三つのテーマ、「実践コミュニティ」「組織による即興」「exploration と exploitation のバランス」を検討することを通じ、これら三つの組織観に変化が生じているか否か、生じているとすれば、それはどのような変化なのかについて考察を行った。

その結果、これら新たな三つのテーマを検討した限りにおいては、三つの組織観は融合したり消滅することなく、それぞれの異なるスタンスを維持している様子が伺えた。加えて、誤りを恐れずより踏み込んだ解釈を試みるならば、維持するだけに留まらず、むしろ各々の生来の個性を強める方向にシフトする傾向が認められた。

たとえば、実践コミュニティの議論では、顕在的な組織観の点からみれば弱さが否めない Argyris 系の組織学習研究より一層、個人の知識やスキル向上への関心が強まり、組織成員間の相互作用プロセスや共有ビジョンのもとでの学習活動という側面が潜在化している。その結果、ますます組織観の把握が難しくなっている。また、

March の議論を基盤とした exploration と exploitation のバランスの議論でも、組織成員の相互作用プロセスへの関心は新たに深まる傾向を見せているものの、それに比例するように、そうした相互作用の結果としてのルーティンの定着過程への関心が強まっている。結果として、組織をルーティンの単なる入れ物として捉える組織観は強化されていると理解される。もちろん、高い専門能力をもつ組織成員同士の相互作用による共有価値の形成に焦点をあてる組織による即興の議論でも、同様の傾向が見出せる。

すなわち、組織が学習するとはどういうことか、という長年の問いに対する答えは、前述のように、近年、研究者の中に分断したグループ間の統合を積極的に図ろうとする者はいるものの、依然として一つに収束する気配が見えない、と考えられるだろう。こうした整理・考察を行う中でみえてきたことが二つある。

一つ目は、組織学習プロセスのどのフェーズに主な関心があるかによって、適合しやすい組織観が異なる可能性である。たとえば、組織に蓄積された知識、既存の人的資源との相互作用、共有ビジョンや価値観などが基盤となることから、組織から完全に独立した学習活動などありえないが、組織成員による学習が無ければ何も始まらないのも事実である。その結果、知識獲得のフェーズでは個人の役割を重視せざるをえず、それに伴って組織観の潜在化も生じやすくなるわけである。しかし、獲得フェーズでもたらされた新しく多様な情報や知識、価値観は、その後、組織内の相互作用を通じて選抜・淘汰されたり、改めて意味づけがなされ、それによって初めて組織の知としての地位を獲得する。そのため、獲得フェーズに続く移転・解釈フェーズでは、即興の議論でみられたように、いわゆる協働システムおよび解釈システムとしての組織観が鮮明に浮かび上がることになる。そして、知識の定着フェーズでは、その知は既に組織成員の手を離れ、新たなルーティンとして、単なる記憶・埋め込みの対象という存在に変わるため、協働システムとしての組織観からは再び遠ざかり、ルーティンの入れ物としての組織観を強めることになる。このようなフェーズを順に連結していく捉え方をすれば現在分断されている既存研究間にも十分統合の可能性が見えてきそうである。

ただし、組織学習プロセス全体を一度に捉えようとする場合、もしくは知識の獲得と解釈、または知識の解釈と定着というように複数のフェーズに同時に研究関心が跨っている場合、フェーズの連結という方法はあまり相応しいとは思われない。

そこで、考察の二つ目として、こうした状況であえて一つの組織観を選ばなければならないとすれば、どうしたらよいか。本稿では、あくまでも相対的にではあるが、移転・解釈フェーズで用いている組織観の妥当性が高いといえるのではないかと考える。議論における言及や考察の程度にはかなりの多寡があるものの、いずれのフェーズに焦点を当てた研究でも、その組織独自の価値や知識の意味づけ、形成、置き換えが組織内の相互作用を通じて行われることを重視しているからである。また、そうした知や解釈・価値の共有こそが、組織学習を個人による学習と識別する大切な要素と位置づけられるからである。

では、実証・理論研究それぞれに取り組むうえで、組織学習プロセスの特定のフェーズを中心に取り上げる形が望ましいのか、組織学習プロセス全体を概観する形が望ましいのか、いずれだろうか。こうした問題は非常に重要で興味深いが、本稿の目的や議論能力をはるかに超えるものと考えられるため、今後取り組むべき課題の一つとしていきたい。

参考文献

安藤史江『組織学習と組織内地図』白桃書房、二〇〇一年。
安藤史江「組織とラーニング」二村敏子編『現代ミクロ組織論―その発展と課題―』有斐閣、二〇〇四年、一九九―二一八頁。
安藤史江「自律的な個が紡ぎ出す「見えざる組織」の時代へ」日置弘一郎・二神恭一編『コラボレーション組織の経営学』中央経済社、二〇〇八年、一三―三六頁。
Argyris, C. & Schön, D., *Organizational Learning : A Theory of Action Perspective*, Reading, Mass, Addison-Wesley, 1978.
Crossan, M. M., Lane, H. W. & White, R. E., "An organizational learning framework : From intuition to institution," *Academy*

of Management Review, Vol. 24, No. 3, 1999, pp. 522-537.

Gupta, A. K., Smith, K. G. & Shalley, C. E., "The interplay between exploration and exploitation," *Academy of Management Journal,* Vol. 49, No. 4, 2006, pp. 693-706.

Hedberg, B. L. T., "How organizations learn and unlearn," P. C. Nystrom & W. H. Starbuck, eds., *Handbook of Organizational Design,* Vol. 1., New York, Oxford University Press, 1981, pp. 3-27.

Huber, G. P., "Organizational learning : The contributing processes and the literatures," *Organization Science,* Vol. 2, 1991, pp. 88-115.

Jerez-Gömez, P., Céspedes-Lorente, J. & Valle-Cabrera, R., "Organizational learning capability: A proposal of measurement," *Journal of Business Research,* Vol. 58, 2005, pp. 715-725.

金城辰夫『学習心理学』放送大学教育振興会、一九九二年。

Lave, J. & Wenger, E., *Situated Learning : Legitimate Peripheral Participation,* Cambridge University Press, 1991.（佐伯　胖訳『状況に埋め込まれた学習―正統的周辺参加―』産業図書、一九九三年。）

March, J. G., "Exploration and exploitation in organizational learning," *Organization Science,* Vol. 2, 1991, pp. 71-78.

Miller, D., "A preliminary typology of organizational learning : Synthesizing the literature," *Journal of Management,* Vol. 22, No. 3, 1996, pp. 485-505.

Miner, A. S., Bassoff, P. & Moorman, C., "Organizational improvisation and learning: A field study," *Administrative Science Quarterly,* Vol. 46, 2001, pp. 304-337.

Nonaka, I. & Takeuchi, H., *The Knowledge-Creating Company : How Japanese Companies Create the Dynamics of Innovation,* Oxford, Oxford University Press, 1995.（梅本勝博訳『知識創造企業』東洋経済新報社、一九九六年。）

Perretti, F. & Negro, G., "Filling empty seats : How status and organizational hierarchies affect exploration and exploitation in team design," *Academy of Management Journal,* Vol. 49, No. 4, 2006.

Senge, P. M., *The Fifth Discipline,* New York, Doubleday/Currency, 1990.（守部信之訳『最強組織の法則』徳間書店、一九九五年。）

Vera, D. & Crossan, M., "Theatrical improvisation : Lessons for organizations," *Organization Studies,* Vol. 25, No. 5, 2004, pp. 727-749.

Wenger, E., McDermott, R. & Snyder, W. M., *Cultivating Communities of Practice,* Boston, Mass, Harvard Business School Press, 2002.（野村恭彦監修・野中郁次郎解説・櫻井祐子訳『コミュニティ・オブ・プラクティス―ナレッジ社会の新たな知識形態の実践―』翔泳社、二〇〇二年。）

Ⅲ 論攷

八　「組織と組織成員の関係」概念の変遷と課題

聞間　理

一　はじめに

近年の経営学、とりわけ組織論においては、変化が激しく先が見えない状態またはあいまいな状態の環境下に組織は置かれているということが理論を展開するときの想定された条件として意識されるようになってきている。(1)そのような環境下において、組織は環境の変化を察知しそれに適応するというよりも、自ら情報を整理・活用する能力を高めて自らの存続に有利な環境の状態を創造していくことが重要であると考えられるようになってきた。組織的な活動の〝イメージ〟は、受動的・消極的な環境への適応から、能動的・積極的な環境の創造へと変わりつつある。

組織的な活動の〝イメージ〟が能動的・積極的な環境の創造へと変わるにつれ、その活動の本質および創造性の源泉が問われることになる。その源泉を明らかにするための有力な分析対象の一つが組織成員であることは論をまたないであろう。そこで、組織の能動的・積極的・創造的な側面を理論化しようとすれば、そのような組織的な活動を生み出す組織成員の条件とは何か、組織はそのような組織成員をいかにして得ているのか、または人々はどうやってそのような組織成員となっていくのかなどの問題があらわれてくることになる。これらの問題は「組織と組織成員の関係」概念に関わる問題であるといえる。

もちろん、全ての組織理論が「組織と組織成員の関係」の問題を核として構築され、叙述されてきたわけではない。しかし、「組織と組織成員の関係」は、組織理論を構築するために不可欠な要素でもあることもまた確かである。本論では、組織的な活動の能動的・積極的・創造的な側面の本質を明らかにするための手掛かりとして、「組織と組織成員の関係」がこれまでの諸研究の中でどのように考えられてきたのかについて、その変遷を整理し、概観してみたい。その変遷をたどることで、「組織と組織成員の関係」は、組織の示す理想像に組織成員が従わせられているということから、次第に単なる職務の違いを超えて組織成員が多様性をもって組織に関わることへと変化してきていることがわかる。そして、この組織成員の多様性に対する理論的な方向性としては、主に「排除」と「統合」の二つがあり、いずれをとるかによって大きくその組織理論の展開が異なってくる。筆者は、組織的な活動の能動的・積極的・創造的な側面の本質を明らかにするという点からも、近年の諸研究が徐々に組織における個々人の多様性の統合を説明するような理論の構築を目指しつつあるとみている。そして、この方向性は、組織成員のアイデンティティという概念を通じてより一層進展することになるのではないかと考えている。

二　組織社会化による成員の確保

古典的な組織理論として挙げられる第一のものは官僚制についての議論（ウェーバー、一九八七）であろう。官僚制の議論において、「組織と組織成員の関係」はどのように示されているのであろうか。まず、（官僚制的）組織は目的達成のための機構とみなされている。組織は目的合理性を最大限に高めるよう規則や命令権力、そしてそれらを実行する官吏を計画的に配置する。人々は専門試験や明確に規定された訓練を経て官吏となる。官吏は非人格的な目的達成のために存在し、社会的地位の保証と引き換えに職務遂行の義務を負う。官僚制において組織はその目的の達成のために、訓練や試験を通じて人々を官吏として仕立て上げるのである。

このウェーバーによる（官僚制）組織とその成員に対する考え方は、その後の組織社会化（organizational socialization）と呼ばれる概念の原型となっているように思われる。組織社会化はさまざまに定義されているが、集約すると「組織の参入者が組織の一員となるために、組織の規範・価値・行動様式を受け入れ、職務遂行に必要な技能を習得し、組織に適応していく過程」（高橋、一九九三）となる。また、組織社会化研究は、（1）参入前の社会化、（2）組織参入、（3）現実的職務予告、（4）参入後の社会化、（5）組織社会化の促進策、（6）組織社会化の結果、（7）研究対象となる組織ごとの差異、（8）研究対象となる個人ごとの差異、などの領域に分化している（高橋、一九九三）。これらの諸領域のいずれにおいても主な関心は、組織の掲げる組織成員の理想像にどれだけ人々を近づけさせられるかということにあり、その手助けをすることがマネジメントの役割として位置付けられるのである。

今なお評価の高いバーナード（1938）の理論では、人間を個人的側面と機能的側面の同時に存在する二側面からみるとされており、そのうち機能的側面において人々は「協働的であるかぎりにおいて非人格化され、逆に言えば社会化される」(2)と把握される。個人的側面の見地から管理者によって十分な誘因を確保されることによって、その人は組織に参加し組織成員となり機能的側面に焦点が当てられる。そして個人人格ではなく組織人格として行動する。人々が組織に参加したのち、いかなる組織人格となるかについては、組織からもたらされる規則、道徳準則次第である。また、「準則の受け入れも含めた命令は無関心圏内である限り受け入れられ、維持しようという積極的な個人的関心」(3)によって支えられている。この機能的側面の限りにおいて、人々は組織社会化の過程に乗るという考え方が表れている。

このバーナードの理論を受け継いだともいわれるサイモン（1976）の理論においては、十分な誘因によって参加が決まれば、組織の抱える目的と手段のハイアラーキーから見てその個人の位置に応じた決定前提が与えられるという構図が示されている。また、『経営行動』の中では特定の集団や役割への「一体化」についても論じられているが、それは基本的に合理的な意思決定を妨げる可能性のあるものとして捉えられている。サイモンの理論において、組織は人々の意思決定がより合理的に行われるようにするための仕組みと考えられており、合理性を高めるため組織から支援を受けるのはあくまでも組織の決定前提を受け容れている人々なのである。組織の目的を達成するために人々が存在しているという点においては官僚制で見られる考え方と同じである。

三 異なるコンテクストに存在する組織成員

組織社会化の諸研究のように組織の目的を所与としその活動に従うとしながらも、家庭や自己成長なども含めた全体として個人を捉え、その範囲で組織との調和を考えようとするのがキャリアに関する諸研究である（Schein, 1978）。キャリア研究は、経営学という領域におさまらず、社会学、心理学、教育学などの分野にもまたがって実に多様に展開されるようになっている。キャリア研究からみると、個人は単に組織の示す組織成員のあり方に一体化するというだけの存在ではない。個人は一人の独立した人格として、組織から与えられる職務に向き合う。それらの職務を時に受け入れたり時に抵抗したりしながら、自身の能力を成長させると共に、自らのキャリア・アンカーを発見したり、ひいては自身のアイデンティティを変化させていく存在とみなされている。

キャリア研究は実に多岐にわたるが、その中で受け入れられつつある一つの考え方は、キャリアがコンテクスト依存的であるということである。各人によって認識されるコンテクストは部・課の中などのローカルな部分から企業全体のようなグローバルなものまで多層的に存在している（谷口、二〇〇六）。また、キャリアの発達に関する研究には、研究対象である各人が「それぞれに」歴史的なコンテクストを持っているという考え方が含まれている。組織のなかの人々のキャリアの獲得と展開がそれぞれの空間的・時間的コンテクストに依存しているということは、組織における組織成員の一人一人は異なるコンテクストにおいてそれぞれの世界を生きているということを暗黙のうちに示唆している。組織成員の間で職務名称や内容が同一であったとしても、異なる歴史的コンテクストを抱えるためにキャリアは異なることになるのである。組織では異なるコンテクストのもとで、異なるキャリアを持つ組織成員がともに活動していると考えられるのである。

このように各々の組織成員が異なるコンテクストで異なるキャリアを持ちつつ組織に関わっていくということを前提とすれば、当然、組織的な活動は果たして上手くいくのか、そしてこれらの多様性を受け入れつつ機能する組織とはどのようなものかという問題がでてくる。しかし、そうした「組織と組織成員の関係」への根本的な問いに対して、これまでのキャリア研究ではそれほど強い関心は持たれていない。キャリアの多様性から生じる問題は組織と個々の組織成員との間の調整問題の範囲を出ないとみなし、シャインのＨＲＰＤ（人的資源の開発・計画）のような組織のサブ・システムの構築や職業カウンセラーへの委嘱によって解決できるという考え方が主にとられている。

また、キャリアの多様性はその組織成員が参加している組織外において問題が解決できる（せねばならない）ものだという考え方もある。環境・組織・テクノロジーのコンティンジェンシー理論で著名なＪ・Ｄ・トンプソン（1967）は自らの理論にキャリア概念を積極的に取り入れている。彼によれば、個人がキャリアを形成するにあたり重要なのは、まず学校や家族や隣人のような「社会化機関（socialization agency）」である。そこにおいて人々は様々なキャリアの原型を知る。そして、人々はキャリアに関する期待を抱えながら組織へとエントリーする。人々は組織に入った後にも職務内容を防衛したり拡大したりするように動機付けられており、必要に応じて契約内容について再交渉を行おうとする。しかし、彼の考える組織はあくまでテクノロジーに従って必要とされる職業を提供する存在にとどまり、日々の職務を通じて組織成員の間に広がるキャリアの多様性を積極的に受け入れ、活用するものとはされていない。

四　組織成員自身による組織成員のあり方の形成

組織の目的を所与の条件とし、人々がその目的に従うという組織社会化の議論や、同じく組織の目的を所与の条件としながらも、可能な限り個人の全体像を捉え、組織との調和を目指すキャリア理論とは異なる視点で、制度学派と呼ばれる研究者達は「組織と組織成員の関係」をみている。(4) 制度学派では、組織の目的や価値が組織の外部からもたらされ形成される過程こそが決定的に重要であり、組織成員のあり方もまた外部への応答として決まるという考え方に立つ。セルズニック（1957）は、大きな問題に組織成員が直面したとき、その組織が組織成員に与える「自己イメージ」が決定的な影響を持つということを指摘している。また、組織に対して価値の注入が行われると、組織は「制度化」されて、単なる処分可能な道具から、個人的な満足をもたらす源泉へと変化する。そして制度化された組織を変化させようとすると、組織メンバーに抵抗が見られるようになる。セルズニックによれば組織は「定義された目標に対する手段として考案された技術的器械」であり、価値が注入されて維持すべき「自己イメージ」をもった存在である制度となる。

セルズニックの議論において、組織成員に関わる問題は組織に参加するかどうかではなく、組織成員が何をすべきかをどうやって知るかにある。組織成員のすべきことは、「役割取得」を通じて形成される。この「役割取得」には、社会化の議論に見られたような、すでに所与のものとして決められている職務内容をどれだけ個人が内面化しているかという発想はない。むしろ、他の組織成員や社会からの要求や諸制約を手掛かりとして個人が自己の位置とすべき役割を推定し、組織成員のあり方の内容を自ら決める。そのような能動的なプロセスとして組織と組織成員の関わりを見ようとする。組織のあり方、組織成員のあり方についての設定が難しい状況において問われるのがリーダーシップなのであり、適切に組織と自己の存在意義を設定できるひとが組織成員の中でもリーダーとしてふさわしいということになる。

前々節において、バーナードの理論に言及したときには、主に人々が組織の一部となってそれらに従う機能的側面が取り上げられていたが、バーナード理論においては人間には機能的側面と同時に個人的側面も並存するとされていることも忘れてはならない。この個人的側面とは協働体系の外部にあって時にそれらと対立する存在であるということであり、それぞれ別個の物的、生物的、社会的要因を持っている。人々は協働に参加する理由や組織の目的を考えたり、決定したりするときにはこの個人的側面が考慮される。また協働体系や組織がこれらの側面の統合物であるとのバーナードの指摘からも、セルズニックの理論と同じく、組織そして組織成員のあり方は個人（または管理者）が自ら決定するという考え方がみられている。

セルズニックが論じた組織が持つようになる特有の性格やイメージは、制度の研究における中心的な問題のひとつでありつづける一方で、企業文化・組織文化という概念や、心理学、教育学、社会学の諸分野で広く使われるようになった「アイデンティティ」の概念と理論を援用した「組織アイデンティティ」の概念を通じても議論の対象とされるようになる（佐藤&山田、二〇〇四）。企業文化の議論がさかんになりはじめたころにおいては、組織成員はその文化に服従・信奉するものであるという組織社会化でも見られた「組織と組織成員の関係」を前提とし、業績のよい企業の文化的要素を単に抽出するだけという研究も少なからずあった（佐藤&山田、二〇〇四）。しかし次第に、組織文化や組織アイデンティティを形成している要素は、さまざまな組織成員がそれぞれの立場から理解し反応しているため、複雑に絡まりあって構成されていること、そして組織成員のあり方もますます多様になるという見解を多くの研究が取るようになっている。

例えば、組織文化に関してクンダは、ある組織の文化に直面してそれに対する愛着も無関心も、また信頼も疑念も同時に持ち合わせている組織成員たちを見事に描いている。彼らは組織の中で「組織の主張する現実を盛んに、巧みに構成し、演じ、用心深く歩き、どちらにもくみしない存在となる」[5]。これら組織成員が文化に直面して構成する現実は組織成員ごとに異なることになり、それがまた組織文化の複雑さと豊穣さを生み出すと考えられている。また、組織アイデンティティに関する研究においても、セノン&モワンジョン（2002）の示した五つの側面の議論に見られるように、一つの組織のアイデンティティの内容を巡って、それぞれの側面ごとに異なった視点や考え方を持つ複数の人々の存在が想定されている。このように、組織成員のあり方を決める組織アイデンティティや組織文化は、他ならぬ組織成員たち自身によって作り出されているのである。こうした諸研究でも、組織成員たちの間に生じる多様性がどう組織へと取り込まれるべきかということが依然として問題として残されている。

五　展望——アイデンティティを通じた多様性の統合に向かって——

組織社会化の議論およびキャリア研究の進展、そして制度や文化に関する研究における「組織と組織成員の関係」概念の変遷をたどっていくと徐々に組織成員の多様性が組織論において、否定しがたい議論の前提となりつつあることがわかる。われわれが組織成員の多様性を強く意識した組織理論を展開しようとするとき、大きく二つの理論的な展開が考えられる。一つは多様性の排除である。この展開では官僚制や組織社会化研究の遺産をそのまま受け継ぐことができる。組織成員は組織の目的の達成に貢献する存在としてみなされるとともに、多様性の排除や組織成員の服従のためのコストをどう削減するかという技術的な問題、および組織が人間への抑圧の器となったり社会的な価値と相反する目的を掲げたりしたらどうするのかという批判に向かい合うことが大きな課題となる。現実に、組織社会化を進めた結果として、大きな問題行動を生んだと理解できる企業や集団もあり、そうした企業や集団の行動を理解するためにも、この展開の意義が色あせることはないだろう。

もう一つの理論的展開は、多様性の活用を目指すというものである。この場合、組織は本質的に組織成員間の差異の統合をなした結果生じてくるものとして位置づけられ、組織の目的は組織的な活動の中で見出され創造されるもの（田中、二〇〇三）と位置づけられる。ひとたび組織の目的が見出されたとしても、組織成員たちが異なるコンテクストに置かれているために理解の仕方および行為は異なる。組織成員たちの行為は多様性を常に生み出し、それらを統合した組織の目的および活動を創り出すための努力がなされる。こうした過程に組織の能動的・積極的・創造的な側面を見出そうとするのである。

この展開において、組織成員は多かれ少なかれ、お互いに異なるコンテクストに立っていることを意識して組織へと関わることになる。ワイクは、人々の多様性から不可避的に生じてくる情報の多義性の削減（Weick, 1979）とセンスメーキング（Weick, 1995）いうアイディアを軸に、人々の間の多様性を統合しながら組織が構築されていく過程をモデル化している。彼は特にセンスメーキングの七つの特性の第一に「アイデンティティ構築に根付いている」ことを据えている。そこで「状況が私にとってどのような意味を持つかは、その状況に対処する際に私が採用するアイデンティティいかんで決まる…（中略）…状況の意味は、それが対処する際に私がどのような人間になるかによって、すなわち私が、そして誰を代表するかによって定義される」[6]としている。ウェンガー（1998）もまた、組織成員のアイデンティティの発達と展開を軸にして組織的な活動の解明を試みている。そのために経験やキャリアの異なる組織成員が統合される活動形態として実践共同体（communities of practice）の概念を構想する。ウェンガーは、組織を「設計された組織（designed organization）」と「実践（practice）」の二面性をもち、それらの相互作用と考えている。実践共同体はこの二つを結びつけ、実践共同体に参加する個々の組織成員にアイデンティティを与えるのである。

組織成員の多様性の統合を組織成員のアイデンティティの構築を通じて達成するという理論的アイディアをより強固なものとしていくための課題としては、組織成員のアイデンティティ形成・認識の原理を明確に提示することが挙げられるだろう。筆者は、ターナーら（1987）の自己カテゴリー化理論はその課題を解決するために、注目に値する理論の一つであると考えている。自己カテゴリー化理論についての様々な研究結果によれば、人々は外界からの情報をもとに同質性と異質性のコントラスト比率から自己と他者のカテゴリー化を行う。そのカテゴリー化の認識が人々のなかで心理的な境界をつくりあげてはじめて、人々がそのカテゴリーの一員となって行動するようになる（あるカテゴリーへとアイデンティファイして行動する）。そうして認識されたアイデンティティは次の時点におけるカテゴリー化のための一つの手掛かりとなり、他の情報とともに、新たな同質性と異質性のコントラスト比率から自己と他者のカテゴリー化が行われるのである。

このことを「組織と組織成員の関係」という点から表現しなおせば次のようになるだろう。人々はお互いの多様性のなかから人々の間に同質性と異質性を見出し、組織成員が誰であって誰でないか、カテゴリー化を行う。ある人が自らを組織成員としてのアイデンティティを持ち、ある他の人を自らと同じ組織の組織成員であるとみなしているとき、組織という関係が形成される。人々にとって、組織成員として実際に行動することから得られる経験は、別の機会において組織を形成する際の、数多くの手がかりのうちの一つとなる。このプロセスは常に人々の中で繰り返されているので、より多くの人々を組織成員とするようなアイデンティティが見出されたり、それまでとは異なる人々と組織を形成したりする機会が保たれる。組織成員の間に多様性が広がりながらも、それを取り込むようなアイデンティティが見出されることで、その多様性は組織へと統合されるということになる。

このような自己カテゴリー化理論から導き出されるロジックは有望とみられるが、果たして、組織の能動的・積極的・創造的な側面を強調する組織理論を進展させるための決定的な推進力となるかどうかについての徹底的な検討・検証は本論の枠を超えるため今後の研究課題とさせていただきたい。組織におけるアイデンティティの形成や認識のプロセスと組織との関連についての問題は、これまで日本でも議論の俎上に挙げられているものの、いまだ十分に議論が尽くされているとはいえない。[7] また、自己カテゴリー化理論を含め、アイデンティティを軸とした組織理論の展開のために有用な知識の集積は、教育心理学・社会心理学・認知心理学・認知科学などの領域にその多くが存在していることから、これまで以上に学際的な研究活動が必要となるだろう。

注

（1）この点についてのより大きな学問的潮流については、田中政光「新しい組織論の胎動」『経営学史事典』文眞堂、二〇〇二年、一〇八―一一二頁にまとめられている。

（2）Barnard, C. I., *The Functions of The Executive*, Cambridge, Harvard Business School, 1938.（山本安次郎・田杉　競・飯野春樹訳『新訳　経営者の役割』ダイヤモンド社、一九六八年。）邦訳、一七頁。

（3）同書、邦訳、一七七頁。

（4）ここでの制度学派はPerrow（1972）の示した括りによるものである。

（5）Kunda, G., *Engineering Culture: Control and Commitment in a High-Tech Corporation*, Philadelphia, Temple University, 1992.（金井壽宏解説・監修、樫村志保訳『洗脳するマネジメント』日経BP社、二〇〇五年。）邦訳、三二七頁。

（6）Weick, K. E., *Sensemaking in Organizations*, California, Sage Publications, 1995.（遠田雄志・西本直人訳『センスメーキング・イン・オーガニゼーションズ』文眞堂、二〇〇一年。）邦訳、三一頁。

（7）もちろん他にも議論すべき重要な課題は多くあるし、日本での組織研究者がこの問題について全く議論してこなかったわけではない。本論でも紹介した自己カテゴリー理論については、山田真茂留が「組織アイデンティティの現代的変容」（『組織科学』第二十七巻第一号、一九九三年、十五―二十五頁）などで取り上げて組織理論の中での活用について検討しているし、アイデンティティという言葉を直接使ってはいないものの、中條秀治の『組織の概念』（文眞堂、一九九八年）の「団体」概念は、組織と成員のアイデンティティを論じる著作としても読み込める。また、寺澤朝子の『個人と組織変化』（文眞堂、二〇〇八年）では、バーナードの組織人格・個人人格概念から再度組織と個人の関係性を検討しているなど、関連研究がいくつか存在する。

主要参考文献

Barnard, C. I., *The Functions of The Executive,* Cambridge, Harvard Business School, 1938.（山本安次郎・田杉　競・飯野春樹訳『新訳　経営者の役割』ダイヤモンド社、一九六八年。）

Kunda, G., *Engineering Culture: Control and Commitment in a High-Tech Corporation,* Philadelphia, Temple University, 1992.（金井壽宏解説・監修、樫村志保訳『洗脳するマネジメント』日経ＢＰ社、二〇〇五年。）

Perrow, C., *Complex Organizations,* Illinois, Scott, Foresman and Company, 1972.（佐藤慶幸訳『現代組織論批判』早稲田大学出版部、一九七八年。）

佐藤郁哉・山田真茂留『制度と文化』日本経済新聞社、二〇〇四年。

Schein, E. H., *Carrier Dynamics: Matching Individual and Organizational Needs,* Philippines, Addison-Wesley, 1978.（二村敏子・三善勝代訳『キャリア・ダイナミクス』ダイヤモンド社、一九九一年。）

Selznick, P., *Leadership in Administration,* New York, Harper and Row, 1957.（北野利信訳『組織とリーダーシップ』ダイヤモンド社、一九六三年。）

Simon, H., *Administrative Behavior,* 3rd ed., New York, The Free Press, 1976.（松田武彦・高柳　暁・二村敏子訳『経営行動―経営組織における意思決定プロセスの研究―』ダイヤモンド社、一九八九年。）

Soenen, G. and B. Moringeon, "The five facets of collective identities," B. Moingeon and G. Soenen eds., *Corporate and Organizational Identites,* London, Routledge, 2002, pp. 13-34.

高橋弘司「組織社会化研究を巡る諸問題」『経営行動科学』第八巻第一号、一九九三年、一―二二頁。

田中政光「新しい組織論の胎動」『経営学史事典』文眞堂、二〇〇二年、一〇八―一一一頁。

田中政光「意味体系としての環境」『組織科学』第三十七巻第二号、二〇〇三年、二六―三八頁。

谷口智彦『マネジャーのキャリアと学習』白桃書房、二〇〇六年。

Thompson, J. D., *Organizations in Action,* New York, Mcgraw-Hill, 1967.（高宮　晋監訳、鎌田伸一・新田義則・二宮豊志訳『オーガニ

ゼーション イン アクション―管理理論の社会科学的基礎―』同文舘、一九八七年。）

Turner, John C. and M. A. Hogg, P. J. Oakes, S. D. Reicher and M. S. Wetherell, *Rediscovering the Social Group : A Self-Categorization Theory*, Oxford, Blackwell, 1987.（蘭 千壽・磯崎三喜年・内藤哲雄・遠藤由美訳『社会集団の再発見』誠信書房、一九九五年。）

ウェーバー、M．阿閉吉男・脇 圭平訳『官僚制』恒星社厚生閣、一九八七年。

Weick, K. E., *The Social Psychology of Organizing* (2nd ed.), New York, McGraw-Hill, 1979.（遠田雄志訳『組織化の社会心理学〔第2版〕』文眞堂、一九九七年。）

Weick, K. E., *Sensemaking in Organizations*, California, Sage Publications, 1995.（遠田雄志・西本直人訳『センスメーキング・イン・オーガニゼーションズ』文眞堂、二〇〇一年。）

Wenger, E., *Communities of Practice*, New York, Cambridge University Press, 1998.

＊本稿は、経営学史学会第十七回大会での筆者の報告に基づくものであり、報告時には諸先生方から多くの助言やコメントをいただき、本稿での議論を深めることができました。大変感謝しております。また、そのなかでも、査読者の先生方と報告のチェアパーソンを引き受けていただいた岩田浩先生からは、大変貴重なご助言をいただきました。この場を借りて感謝を申し上げます。

九　制度的企業家のディスコース

松嶋　登

一　問題提起

制度的企業家という概念は制度派組織論、とりわけ制度に対する認知的同質化を強調してきた、通説的な新制度派が抱えた理論的課題に挑むために提示された（DiMaggio, 1988）。制度化された主体がいかに内生的な変化を遂行しうるかを問う「埋め込まれたエージェンシーのパラドクス」である（e.g., Seo and Creed, 2002; Garud, Hardy and Maguire, 2007）。本稿では、この理論的課題を巡るディスコースとして、制度的企業家を論じる先行研究を位置づけ、そこで想定される制度／主体（企業家）の説明図式の検討を通じ、パラドクスを根源的に解消する糸口を探る。第二節では、先行研究に見られる代表的な三つの説明図式と、そこに残された問題を検討する。第三節では、第二節の検討を受け、代替的な説明図式および制度分析に対する方法論的含意を展望する。

二　「埋め込まれたエージェンシーのパラドクス」というアポリア

既に触れたように、制度的企業家は制度派組織論が抱えた理論的課題に対して提唱された。この理論的課題を生み出したのは、社会的環境と化した制度に従う人々が、認知的に同質化することで、安定的な秩序が形成されるという、繰り返し論じられてきた通説である。この通説を採用する限り、制度化された後の内生的な変化は、それが制度そのものの変化を伴うものであれ、何がしかの制度を前提とした慣行レベルの変更であれ、いずれも説明不可能なアポリアとなる。本節では、この理論的課題に挑んできた先行研究の説明図式を検討する。

1　制度変化を生み出すエリート主体としての企業家

まず、制度変化を説明する最も伝統的なディスコースは、安定化した制度に対して、新奇性を生み出すエリート主体である企業家を用意するという説明図式である。つまり、制度内生的な変化ではなく、企業家という外生的要因によって、制度変化を論じる説明図式である。この説明図式の下で、制度変化を生み出す企業家のあり方に注目してきたのが、Fligstein（1997）であった。彼は企業家由来の新奇性を前提とした上で、企業家が既存の制度を変更するためには、人々を説得し、共通の意味やアイデンティティを形成する固有の「社会的スキル」を必要とする、とした。

しかし、これでは固有の社会的スキルを持つ企業家だけが、制度化されない例外的存在となってしまう。この問題に対してFligstein（2001）では、社会的スキルを、人々が自らの文化を再生産する能力として読み替える（p.107）。これによって企業家は、文化の衰退や異なる文化との衝突といった、「文化の空白地帯」において自らの制度（文化）を再生産する主体として再定義される。しかし、この再定義は、新たな問題を生みだす。企業家が埋め込まれた制度のほうに、企業家に文化の空白地帯を発見させる理論的な仕掛けが必要となるからである。

この点でFriedland and Alford (1991) は、制度に複数のロジックを見立て、ロジック間の矛盾を通じて制度変化が導かれるという論理を提示していた。しかし、この論理に立てば今度は、企業家は制度ロジック間の矛盾に従い、制度ロジック間の最適均衡を予定調和的に論じる進化論に陥ってしまう (Beckert, 1999, p. 780)。

つまり、一方には認知的に同質化させる制度を置き、他方では既存の制度からは生まれ得ない新奇性を企業家に託すという二分法的な説明図式では、企業家（の社会的スキル）を制度的に説明したとき、変化の根拠（新奇性）が失われるという循環論的誤謬が発生する (Mutch, 2007, pp. 1124-1125)。これでは新制度派が生み出したパラドクスも解消しない。我々は、制度化された主体のあり方に遡り、伝統的なディスコースが企業家に託した新奇性を説明し直す必要がある。

2　制度を源泉にイノベーションを生み出す企業家の制度的ポジション

他方で、制度的企業家のディスコースには、制度を企業家がイノベーションを生み出すための源泉として、積極的に読み替える立場がある。いわゆる制度的三支柱（規範・認知・規制）との関連で、既存の慣行を変更する企業家が必要とする制度的源泉として動機、変化のアイデア、資源動員の能力を置き、彼らがこれら諸源泉にアクセスするために、制度の周辺／中心のいずれのポジションに位置すべきかが議論される (Maguire, 2007, p. 674)。

しかし、この説明図式に則したとしても、企業家の制度的ポジションは一貫しない。例えば、米国のラジオ放送産業における慣行変化を論じたLeblebici, Salancik, Copay and King (1991) では、全国的なネットワークと大ロスポンサーを持たない周辺的なローカル局が、スポット広告という新たな契約形態に対する「アイデア」や、これを採用する「動機」を見出したと説明する。他方、「資源動員の能力」という観点から、企業家を制度の中心に置くのが、Greenwood and Suddaby（2006）である。彼らは、国際化の波を受けたカナダの法会計コンサルティング業界では、専門職制度に深く関与する中心的な大手五社が、彼らの専門領域を拡大させていく（また、実際に専門家を育成していく）ことができたと説明する。このように、企業家の制度的ポジションは中心と周辺で真っ向から対立する。

こうした対立に対して Maguire, Hardy and Lawrence（2004）は、制度化されていない新興産業に企業家の制度的ポジションを位置づけ直そうとした。具体的には、HIV/AIDS 治療事業の成立期に活躍した、「医学的に十分に解明されていなかった HIV/AIDS の経験的知識を有した同性愛者」という企業家である。この特異なアイデンティティを持った企業家は、一方で社会的なマイノリティである同性愛者としてイノベーションに必要な「動機」と「アイデア」を得、他方で経験的知識を持った市井の専門家として必要な「資源」を動員する。

しかし、制度的ポジションを巡る論争は、どこか上滑りしている。というのは企業家の制度的ポジションは、いかなる制度的源泉に関連付けるかで予め決められている。しかも、この捉え方自体が、実は新制度派の説明図式の下にある。企業家の周辺的ポジションは、いったん制度化されてしまえば、既存の慣行を変更しようとする動機やアイデアが妨げられるという通説を裏返しているに過ぎない。また、資源動員に必要な能力を制度の中心的ポジションに求めるには、奇しくも「イノベーション」を論じながら、能力の根拠となる制度化された権力関係の変化には触れないという戦略が必要となる。そして、このような先決問題要求からくる誤謬に対して、最終的には新興産業という状況を設定し、企業家に特異なアイデンティティを持たせていったのではなかろうか。すなわち、我々は、制度を企業家がイノベーションを生み出す源泉として積極的に読み替える前に、そもそも制度に対して変更を迫る企業家のエージェンシーがいかに形成され、また権力関係の変化を伴う資源動員はなぜ可能となるのか、を問わなければならない。

3　制度の認知的把握と制度的企業家

これまで本稿では、制度的企業家を論じる二つのディスコースが有する制度／企業家の対照的な説明図式と、そこに残された課題を検討してきた。だが、ここで注意すべきは、この二つのディスコースが自らを位置づける新制度派は、少なくとも理論的にはBerger and Luckmann（1966）を基盤とし、制度を主体とは別にある実体としてではなく、人々が実践を通じて物象化した社会的構成物として捉えようとしていたことである。

それゆえ、Zucker（1988a）は、DiMaggio（1988）が、制度変化を論じるために制度的企業家という概念を投げかけたこと、それ自体が未だ制度を実体化している証左であり、制度派組織論としては無用な混乱を導くものであると指摘する（p. xv）。彼女によれば、制度は、人々に外在する実体ではなく、それを担う人々によって認知的に絶えず維持されねばならないプロセスである。そう考えれば、制度変化は常態であり、そもそも問題化する必要さえない。これは、制度的企業家に対する、最も根源的なディスコースであろう。

しかし、制度が認知的に維持されるとは、いったいどのような説明図式なのだろうか。Zucker（1977）を顧みると、それは光点の自動運動という知覚現象に対し、制度的状況を操作した実験に示される。彼女の実験では、被験者に制度化の「程度」が設定される。すなわち、個人的判断＜チームによる協働的解決＜職業的コントロールという状況下で被験者に割り当てられた役割である。実験結果からは、与えられた役割の制度化された程度が大きいほど、被験者間での回答傾向が持続されることが示された。

それゆえ、彼女は、制度変化も同様に、人々が制度化される「程度」に帰属させる（Zucker, 1988b）。すなわち、完全には制度化されない人々によって、制度内部に「エントロピー」が蓄積され、「ミクロとマクロのコンフリクト」がもたらされる（pp. 41-44）。しかし、完全には制度化されない主体を用意しないと、制度変化を説明できないとすること自体、制度を実体化した説明図式に他ならない。彼女の定義からすると、マクロはミクロを通じて維持されるプロセスだったはずである。彼女の議論には、こうした不当仮定の誤謬が見られる。

以上、新制度派は共通して、少なくとも分析的には制度を主体に外在する実体として捉え、そこから主体の認知内容を捉え返してきた。主体が実践を通じて物象化したはずの制度を、研究者もまた概念を通じて物象化したと言い換えても良い。ここにきて埋め込まれたエージェンシーのパラドクスとは、研究者が制度の認知内容を分析的に密輸入することで導かれる、認識論上の陥穽として識別される（Hirsh and Lounsbury, 1997）。

三　制度的企業家に求められる新たなディスコース

前節では、制度的企業家に対して先行研究が与えてきた説明図式と、そこに残された課題を検討してきた。この検討は、新たなディスコースへと接続される。以下の三つの項は、前節の議論を全体として受けつつ、それぞれの課題に対応する。つまり、制度化された主体による内生的な変化の説明、制度変化を求める企業家のエージェンシーおよび権力関係の変化を伴う資源動員の説明、新制度派が陥った認識論上の陥穽の克服である。

1　制度を参照する行為の遂行的な差異化

前節までの議論を確認すると、新制度派が抱えていた根源的な課題は、主体が実践を通じて物象化した制度を、研究者も概念として物象化し、分析的に捉え返してきたことにあった。ならば、まず我々がなすべきは、制度を、それを担う人々の実践の内に捉え直すことである（Lawrence and Suddaby, 2006）。その手がかりは、新制度派の嚆矢となったMeyer and Rowan（1977）に残されている。彼らの有名なテーゼ「合理化された神話としての公式組織」は、一般的に理解されているように公式組織を特定の具体的な行為を導く「設計図」としてではなく、規範的に参照される抽象物（すなわち神話）として、実践の内に把握しようとしたものであった。

今日、このテーゼは、制度に導かれる行為が合理性原理では説明され「ない」理由として読み替えられるが、正確ではない（竹本、一九九六）。彼らの主題は、官僚制が目的―手段連関の形式的な合理性を担保するという通説的なウェーバー理解ではなく、形式性への信憑を有する近代の信念システムにあった。だからこそ抽象物である制度は、個別具体的な行為の内容を決めずとも、あたかも環境の如く眼前し、主体が行為の正当化を求める際に意識せざるを得ない事実性を帯びる。この理論的含意を引き継ぐ制度派組織論がほんらい問うべきは、抽象レベルの制度とこれを参照する具象レベルの行為が織り成すダイナミズムであった（松嶋・高橋、二〇〇九）。

すなわち、抽象的な制度を参照する具象レベルの行為は、新制度派の説明図式のように、決して静的ではない。米国の投資信託に与えられたカテゴリの変化に注目するLounsbury and Crumley (2007) によれば、制度を参照する行為は、制度の再生産だけではなく制度変化にも関与する。十九世紀初頭、投資信託は、資産の蓄積と世代間の財産移転という消極的な資産管理に使われた。しかし、既存のカテゴリを維持する運用方法の多様化やファンド間での差別化が、投資管理者の専門化や、専門家による資産管理を正当化するファイナンス理論を生み出す。その結果、積極的な資産運用方法としての投資信託など、新たなカテゴリが形成される。つまり、制度を参照する行為は遂行的（performative）に差異化する（e.g., Feldman and Pentland, 2003）。

制度概念を物象化した新制度派が見失っていたのは、物象化された抽象物である制度を参照する行為が、具象のレベルでは内生的に差異化していく、このダイナミックな実践のプロセスである。そう考えると、制度が認知的同質化を導き、結果、いかなる変化も論じられなくなるというパラドクスも解消する。企業家という特殊なエリート主体を用意せずとも、また予め制度ロジックに分析的な矛盾を用意せずとも、制度を参照して遂行的に差異化される行為を説明でき、予定調和的な進化論への帰結も回避できるのである。

２　抵抗するエージェンシーの形成と政治的な資源動員プロセス

前項では、制度を、それを担う人々の実践の内に捉えることで、企業家というエリート主体に頼らずしても、制度を参照する行為が内生的に差異化する論理を検討してきた。しかし、行為の内生的な差異化は、即座に制度変化を説明しない。もとより抽象的な制度を参照する行為は、具象レベルでの差異化を含んだ実践として捉え直されるからである。すなわち、抽象レベルの制度に変更を求める必要性は、ただ具象レベルでの行為が差異化するだけでは必ずしも生じない。制度変化が積極的に求められるのは、内生的に差異化した行為間の関係を通じて、新たな社会秩序を求めようとするエージェンシーが形成されたときに他ならない。だが、なぜそうしたエージェンシーが形成され、いかに差異化した行為間の関係が調整されるのであろうか。

ここに、企業家という主体概念のもつ含意を改めて問い直す必要がある。制度を参照することは、ただ個別の行為の差異化を生み出すだけではない。物象化された制度は「一般化された他者」の視点を提供し、人々に組織や社会における役割関係を読み解かせることで、社会的な秩序を形成する。しかし、こうした役割関係を人々は、そのまま受け入れるわけではない。人々は、役割関係を何がしかの意図が織込まれた権力関係として読み解き、また自らの役割を様々に演じる（Berger and Pullberg, 1965）。社会化は、常にこうした二面性を併せ持つ。

例えば、Maguire et al.（2004）が論じたHIV/AIDS治療事業という新興産業においても、制度化が新たな変化を呼び起こす。Levy and Scully（2007）によれば、HIV/AIDS治療の制度化は、これを収益源とするようになった米国の製薬会社に、関連する特許を囲い込む戦略を見出させる。さらに、制度化を通じて権力関係は多面的に読み解かれる。製薬会社の戦略によって高価な治療費を支払えなくなった途上国の患者は、製薬会社に抵抗するために「医療アパルトヘイト」というキャンペーンを掲げ、政治的対立が蠢く政権に関与し、学生運動を味方につけることで、鍵となる特許を有する大学を取り込む。こうした患者による抵抗が一般化されると、今度は製薬会社が企業の社会的責任を掲げることによって、世論に働きかけようとする。

つまり、制度化が進展するほどに（支配的な権力関係が形成されるほどに）、これに抵抗しようとするエージェンシーが生まれる。そして、制度変化を伴う資源動員もまた、制度化によって生み出された多様な利害に支えられて可能になる。実際、DiMaggio（1988）においても、既存の制度に抵抗するエージェンシーとして生み出された制度的企業家が、制度化を通じて多様化する利害（補助的制度）を取り込み、新たな制度の形成を目指す「政治的アリーナ」を読み解こうとする意図があった（pp. 12-13）。

3 制度的企業家を分析基点とする方法論的含意

本稿では、先行研究が与えてきた制度的企業家の説明図式の背後に、新制度派がその根源で抱えていた認識論的陥穽があることを検討してきた。DiMaggio（1988）でも、通説的な新制度派が抱えた理論的課題の原因として、制度を説明した各種概念（例えば「合理化された神話」や「鉄の檻」）のイメージが物象化されることで、制度の理論的内包を錯誤する「形而上のパトス（metaphysical pathos）」が指摘されていた（p. 11）。しかし、制度的企業家に注目した先行研究もまた、安定化した制度に対して新奇性を生み出すエリートという進歩的な企業家という通説的イメージに囚われた説明図式へと回収されていた。そもそも、手垢のついた企業家という概念を利用したことが、ディスコース上の戦略として不味かったのかもしれない。だが、もとより言語それ自体が必然的に物象化を伴うことを考えてみれば、いかなる概念も研究者による言説的支配を逃れ得ない。

この点で Khan, Munir and Willmott（2007）は、いわゆる「制度的企業家（社会企業家）」の成功事例として名高い、パキスタンのシアルコットにおけるサッカーボール縫製産業における搾取的児童労働の撤廃事例に注目する。この事例では、家庭内労働を通じて児童が母親に使役されていることに着目した NGO（Save the Children）、ＩＬＯ、ＵＮＩＣＥＦ、米国政府らが、監視可能な縫製センターに縫子を集め、最終的にシアルコットで児童労働によって生産されるサッカーボールを五パーセントまで低下させることに「成功」する。

Khan et al.（2007）は、この語りに潜む「暗黒面」を指摘する。確かに、縫製センターが設置されることで、家庭内で縫子である母親に使役されていた児童は労働から解放される。しかし、もともと「低俗な仕事」として差別されてきた縫子達は、縫製センターを通じて衆目に晒されることになり、その多くが職業差別から逃れるために仕事を手放すことを余儀なくされる。結果、各家庭の収入は低下し、児童は就学の機会を失う。他方、児童労働という汚点を払拭できたスポーツメーカーは、シアルコットで富を獲得し続ける。つまり、進歩的なイメージを有する制度的企業家という概念のもとで記述された「成功事例」は、この暗黙面を隠蔽することを通じて、サッカーボール産業を通じた支配的な権力関係を拡大する「投資」になり得るのである（p. 1072）。

では、制度的企業家とは、もはや不要な概念なのだろうか。ここで急ぎ加えると、Kahn et al.（2007）が目指したのは、シアルコットの支配的な権力関係への批判と同時に、物象化された概念を通じて既存の権力関係に不可避に関与してしまう研究者への批判でもあった。それゆえ彼らは、同事例を階級、ジェンダー、ポストコロニアルという他の概念に基づいた記述が、「制度的企業家」に替わるアプローチではないことも改めて強調する（p. 1074）。どのような概念を用いても、既存の権力関係の再生産から逃れ得ないからである。

Lounsbury（2003）が指摘するように、制度を分析する研究者は、けっして超越的な立場にはない（p. 216）。研究者もまた、既存の権力関係に巻き込まれながら、制度を分析せざるを得ない。だが、このことに積極的に向き合うのであれば、進歩的イメージの下に語り／語られる「企業家」は、研究者自身も巻き込まれる権力関係を批判的に検討する、有力な分析基点となる（Hwang and Powell, 2005, pp. 179-180）。制度的企業家という概念は、単なる英雄叙事を超えた、こうした方法論的含意を有することを、我々は見過ごしてはならない。

参考文献

Beckert, J., "Agency, Entrepreneurs and Institutional Change: The Role of Strategic Choice and Institutionalized Practices in Organizations," *Organization Studies,* Vol. 20, No. 5, 1999, pp. 777-799.

Berger, P. L. and T. Luckmann, *The Social Construction of Reality : A Treaties in the Sociology of Knowledge,* New York : Doubleday, 1966.（山口節郎訳『日常世界の構成―アイデンティティと社会の弁証法―』新曜社、一九七七年。）

Berger, P. L. and S. Pullberg, "Reification and the Sociological Critique of Consciousness," *New Left Review,* No. 35, 1965, pp. 56-71.（山口節郎訳「物象化と意識の社会学的批判」『現象学研究』第二号、一九七四年、九四―一一七頁。）

DiMaggio, P. J., "Interest and Agency in Institutional Theory," in L. G. Zucker, ed., *Institutional Patterns and Organizations Culture and Environment,* Cambridge: Ballinger Publishing Company, 1988, pp. 3-21.

Feldman, M. S. and B. T. Pentland, "Reconceptulizing Organizational Routines as a Source of Flexibility and Change," *Administrative Science Quarterly,* Vol. 48, No. 1, 2003, pp. 94-118.

Fligstein, N., "Social Skill and Institutional Theory," *American Behavioral Scientist,* Vol. 40, No. 4, 1997, pp. 397-405.

Fligstein, N., "Social Skill and the Theory of Fields," *Sociological Theory,* Vol. 19, No. 2, 2001, pp. 105-125.

Friedland, R. and R. R. Alford, "Bringing Society Back in: Symbols, Practice, and Institutional Contradictions," in W. W. Powell and P. J. DiMaggio, eds., *The New Institutionalism in Organizational Analysis,* Chicago and London : The University of Chicago Press, 1991, pp. 232-263.

Garud, R., C. Hardy and S. Maguire, "Institutional Entrepreneurship as Embedded Agency: An Introduction to the Special Issue," *Organization Studies,* Vol. 28, No. 7, 2007, pp. 957-969.

Greenwood, R. and R. Suddaby, "Institutional Entrepreneurship in Mature Fields: The Big Five Accounting Firms," *Academy of Management Journal,* Vol. 49, No. 1, 2006, pp. 27-48.

Hirsch, P. M. and M. Lounsbury, "Ending the Family Quarrel: Toward a Reconciliation of "Old" and "New" Institutionalism," *American Behavioral Scientist.* Vol. 40, No. 4, 1997, pp. 406-418.

Hwang, H. and W. W. Powell, "Institutions and Entrepreneurship," in S. A. Alvarez, R. Agarwal, and O. Sorenson, eds., *Handbook of Entrepreneurship Research : Disciplinary Perspectives,* United States of America : Springer, 2005, pp. 179-210.

Khan, F. R., K. A. Munir and H. Willmott, "Dark Side of Institutional Entrepreneurship : Soccer Balls, Child Labor and Postcolonial Impoverishment," *Organization Studies,* Vol. 28, No. 7, 2007, pp. 1055-1077.

Lawrence, T. B. and R. Suddaby, "Institutional Work," in S. R. Clegg, C. Hardy, T. B. Lawrence and W. R. Nord, eds., *The Sage Handbook of Organization Studies,* 2nd Edition, London, Thousand Oaks and New Delhi : Sage Publications, 2006, pp.

215-254.

Leblebici, H., G. R. Salancik, A. Copay and T. King, "Institutional Change and the Transformation of Interorganizational Fields: An Organizational History of the U. S. Radio Broadcasting Industry," *Administrative Science Quarterly,* Vol. 36, No. 3, 1991, pp. 333-363.

Levy, A. and M. A. Scully, "The Institutional Entrepreneur as Modern Prince: The Strategic Face of Power in Contested Fields," *Organization Studies,* Vol. 28, No. 7, 2007, pp. 971-991.

Lounsbury, M., "The Problem of Order Revisited: Toward a More Critical Institutional Perspective," in R. Westwood and S. R. Clegg, eds., *Debating Organization: Point - Counterpoint in Organization Studies,* Malden: Blackwell Publishing Ltd., 2003, pp. 210-219.

Lounsbury, M. and E. T. Crumley, "New Practice Creation: An Institutional Perspective on Innovation," *Organization Studies,* Vol. 28, No. 7, 2007, pp. 993-1012.

Maguire, S., "Institutional Entrepreneurship," in S. R. Clegg and J. R. Bailey, eds., *International Encyclopedia of Organization Studies,* London: Sage Publications, 2007, pp. 674-678.

Maguire, S., C. Hardy and T. B. Lawrence, "Institutional Entrepreneurship in Emergence Fields: HIV/AIDS Treatment Advocacy in Canada," *Academy of Management Journal,* Vol. 47, No. 3, 2004, pp. 657-679.

松嶋　登・高橋勅徳「制度的企業家というリサーチ・プログラム」『組織科学』第四三巻第一号、二〇〇九年、四三—五二頁。

Meyer, J. W. and B. Rowan, "Institutionalized Organizations: Formal Structure as Myth and Ceremony," *American Journal of Sociology,* Vol. 83, No. 2, 1977, pp. 340-363.

Mutch, A., "Reflexivity and the Institutional Entrepreneur: A Historical Exploration," *Organization Studies,* Vol. 28, No. 7, 2007, pp. 1123-1140.

Seo, M. G. and D. W. E. Creed, "Institutional Contradictions, Praxis, and Institutional Change: A Dialectical Perspective," *Academy of Management Review,* Vol. 27, No. 2, 2002, pp. 222-247.

竹本達也「J・マイヤー組織論における近代性の視点」『ソシオロジ』第四一巻第二号、一九九六年、七五—八九頁。

Zucker, L. G., "The Role of Institutionalization in Cultural Persistence," *American Sociological Review,* Vol. 42, No. 5, 1977, pp. 726-743.

Zucker, L. G., "Introduction: Institutional Theories of Organization-Conceptual Development and Research Agenda," in L. G. Zucker, ed., *Institutional Patterns and Organizations: Culture and Environment,* Cambridge: Ballinger Publishing Company, 1988a, pp. xiii-xix.

Zucker, L. G., "Where do Institutional Patterns Come from?: Organizations as Actors in Social Systems," in L. G. Zucker, ed., *Institutional Patterns and Organizations: Culture and Environment,* Cambridge: Ballinger Publishing Company, 1988b, pp. 23-49.

十　キャリア開発における動機づけの有効性
――デシの内発的動機づけ理論の検討を中心に――

チン・トウイ・フン

一　はじめに

本稿の目的は、日本経済団体連合会（以下、日本経団連）が一九九〇年代後半から行ってきたキャリア支援に関する諸提言を意識しながら、シャイン（E. H. Schein）などのキャリア論とデシ（E. L. Deci）の動機づけ論を検討し、企業でのキャリア開発における動機づけの有効性を考えてみることである。日本では、一九九〇年代初期のバブル崩壊後、企業内で個人ベースのキャリア開発の必要性が主張され、人事方針に大きな転換を迎えた。学界でのキャリア研究の状況についても、例えば『組織科学』、『経営行動科学』、『日本労務学会誌』など諸学術研究雑誌をみると、九〇年代後半にキャリアに関する論文の掲載件数が以前と比べれば非常に多くなっていることがみられた。(1)

キャリア開発における個人の主体性を考える場合は、キャリア開発に対するその人の動機づけが重要な側面を持つといえる。ところが、日本経団連のキャリア支援に関する提言を検討してみると、キャリア開発において個人の主体性が強調されているにもかかわらず、動機づけの側面が十分配慮されているとは言い難い。キャリア論と動機づけ論に関する先行研究をみると、両者は別々に論議されてきており、両者を結びつけて議論することは、二〇〇六年に出版された金井壽宏の著作(2)以外はあまりみられなかった。その理由は、動機づけが、どちらかというと、人間をある行動に駆り立てるときの概念であるのに対して、キャリアとは生涯に及ぶ働き方や生き方に関する概念であると捉えられ、そこで想定される時間の長さの違いがあると考えられてきたといえる。ところが、動機づけについて言えば、例えば、達成感、自己実現、未来の大きな夢などの動機づけは、短期か長期か特定できないもので、従来のように、短期的な時間を想定することは必ずしも妥当ではない。本稿では、従来想定されてきた時間の違いにこだわらず、動機づけ論をキャリア論に適用する可能性を検討し、キャリア開発を個人にとってより有意義なものにするための有効な視点を探ってみる。

本稿では、まず、日本経団連の諸提言を検討し、キャリア開発においては動機づけが十分に考慮されていない点について指摘する。つぎに、デシの内発的動機づけ理論を概観し、そこで主張された「自己決定」、「有能感」、「関係性」への欲求の視点から、アメリカにおける先駆的キャリア研究の一つであるシャインのキャリア論と、日本の代表的キャリア研究の一つである高橋俊介のキャリア論を考察し、デシの論点と類似性がないか検討してみる。その結論を先取りして述べると、シャイン及び高橋にはデシと類似の論点がみられるが、デシの「発達」という視点がみられない。しかし、筆者は、キャリア開発(3)への動機づけ理論の適用を考える際に、デシの「発達」の概念に加えて筆者が補足的に主張する「学習（体得）」の概念の視点から検討すべきと主張したい。

二　日本におけるキャリア研究の時代背景――日本経団連の諸提言――

一九九五年に日経連は、『新時代の「日本的経営」―挑戦すべき方向とその具体策―』を提言し、その中で、雇用を三グループ化する「雇用ポートフォリオ」を提唱して、そのうち、終身雇用を幹部候補グループにのみ絞り込むことを提案した。(4) さらに、日経連は、一九九九年に『エンプロイヤビリティの確立をめざして―「従業員自律・企業支援型」の人材育成を―』の報告書を発表し、それまで行われてきた従業員の全職能別・全階層別の教育訓練を廃止し、労働者のエンプロイヤビリティの形成・確立に力を入れる方策を提示した。(5) 具体的には、終身雇用のコア幹部候補には選抜的教育訓練をするが、それ以外の二グループには、「従業員自律・企業支援型」の人材育成（キャリア開発支援）の方針をとり、エンプロイヤビリティの形成・確立に焦点を当てたのである。

その方針の下で、具体的なキャリア開発の支援策の一つとして、二〇〇六年に日本経団連は「主体的キャリア形成の必要性と支援のあり方―組織と個人の視点のマッチング―」の報告書を発表し、(6) その中で、従業員の階層ごとのキャリア形成について提言している。報告書は、「一．内外環境の変化と『自律型人材』」、「二．価値観の多様化と主体的キャリア形成」、「三．これから（企業の）求められる人材像」、「四．主体的なキャリア形成のための企業としての支援策」、「五．教育機関・行政への要望」の五項目をあげ、財界の具体的な認識と要望を示している。それによると、企業が求める人材像は、①「行動力」、②「志と心」、③「知力」といった三つの能力を持った人材である（六頁）。さらに、「新入社員」、「若手社員」、「中堅社員」、「管理職」のそれぞれの階層に対して、キャリア形成において求められる能力について、「一般常識・専門知識」、「対人関係能力」、「自己開発能力」、「問題解決能力」の四項目にわたって、具体的な内容が詳細に列記されている（七―八頁）。また、その主体的キャリア形成に対する企業の支援策として、Ｏｆｆ・ＪＴや自己啓発への支援や、ＯＪＴによる指導、人事システムの見直し、多様な働き方の提供などを提示し（八―九頁）、教育機関に対しても、キャリア教育や職業開発への行政のサポートなどの要望も行った（九頁）。この提言の特徴を簡潔に述べれば、企業が必要としている人材像及び能力や要件を提示し、それを支援するとしているが、その能力や要件への企業の要望が必ずしも従業員の個人の長期的な成長や発達にとって望ましいものであるとは、保証されているわけではない。

個々の従業員の視点からみて、持続的に有意義なキャリアを形成し開発していくためには、個人がキャリア形成において内発的に動機づけられることが重要、と筆者は考える。この観点から、この提言で動機づけ（またはモチベーション）[7]がどのように考慮されているか考察してみると、「モチベーションの源泉が処遇や肩書きだけではなくなってきている」（三頁）や、「個人の〔目標設定〕から〔実績評価〕をきめ細かく行い、納得性を高めることが、各人が組織において役割を果すためのモチベーションアップにつながる」（四頁）、「社員一人ひとりが能力を発揮し続けるためには、より高い仕事を任せモチベーションを高める…など、育成を目的とした適切なストレッチの仕組み[8]を構築していくことが求められる」（八頁）などと述べられている。このように、提言は、動機づけについて、処遇や肩書きなど外的報酬だけではなく、個人の納得や、より高い仕事を任せられることによる信頼感など、個々人の内面の動機づけについても言及している。しかし、その動機づけの具体的な内容や、キャリア形成で動機づけをどのように活用すべきかなど具体的な展開が示されていない。このことは、内発的動機づけとキャリア開発の関係がこれまであまり考慮されていないことによるものといえよう。その関係を探るために、まず、以下は内発的動機づけの代表的な研究と知られてきたデシの理論を概観することにする。

三　デシの内発的動機づけ理論

心理学では、「人間は、何か報酬が与えられないと積極的に動かない」という外発的動機づけの立場に対して、動機づけられる主体の内部に動機づけ要因があるという考え方もある。その動機づけ要因とは、例えば、活動の楽しさや面白さ、活動することによって自分が有能的であると感じることなどのように、人間が内発的に感じる感覚にあるとされていることから、「内発的動機づけ」と呼ばれるのである。このように、内発的動機づけ要因は人間の認知により形成されるため、内発的動機づけの理論は「認知の理論」とも呼ばれる。

1　「有能さ」と「自己決定」への欲求

内発的動機づけの研究は、多様な視点から行われてきたが、その中でも、デシは、人間の「有能さ」(competence)と「自己決定（または自律性)」(self-determination, autonomy)への欲求の概念を重視している。「有能さ」とは「自己の環境を効果的に処理することのできる人の能力(ability)もしくは力量(capacity)」[9]と定義され、「自己決定」とは外部からの圧力がなく自分自身で行動を決定できることである。デシは、「人びとは、有能さと自己決定の意識を感得せんがために、多くの行動にたずさわるものである」[10]と述べ、多くの場合、人間がある行動をとることは、自分が有能で自己決定的であるという感情を得たいためであると主張したのである。

なお、デシは、内発的動機づけを規定する要因が、「有能感」と「自己決定感」に対する欲求であるとしたうえで、内発的動機づけが外的報酬からどのように影響を受けるかについて実験を行い、認知的評価理論として次の三つの命題にまとめている。[11]すなわち、①活動の因果律が内発的なものから外発的なものに移ったと認知されたら、人間の内発的動機づけが低下する。②有能さと自己決定に関する感情が高められれば、その人の内発的動機づけが増大し、弱められれば内発的動機づけが低下する。③報酬には制御的側面と情報的側面があり、情報的側面が顕著であれば、有能さと自己決定に関する感情が高まる。この三つの命題から、外的報酬が内発的動機づけを高めるという常識的な考え方がくつがえされ、外的報酬が与えられることによって、逆に有能感や自己決定感が失われるために、内発的動機づけが低下することがあると主張されたのである。

2 「関係性」への欲求

その後、デシは「自己決定」の研究を進め、もう一つの要因である「関係性への欲求」(need for relatedness)[12]の議論を加えた。「関係性への欲求」とは、「どんな人でも持っている、他の人々と親しくかかわりあっていたいという欲求」[13]である。この「関係性への欲求」は、愛情、人との絆、信頼関係などを求める欲求でもあり、他律的に与えられるだけでなく、自らも与えるというもので、内発的部分の多い欲求である。デシがこの「関係性への欲求」を内発的動機づけの重要な要因に加えたことは、極めて興味深いことで、内発的動機づけの説明力を豊かにしたといえよう。

3 「発達」の視点

デシが第三の内発的動機づけ要因として「関係性への欲求」に着目したのは、内発的動機づけというものが人間の発達に大いにかかわるという視点を持っているからだと思われる。なぜなら、デシは「発達」についてつぎのように述べたからである。「内発的動機づけは、有能で自己決定的であることを感知したいという、一般化された、生来的欲求にその根源を有している…これら二つのうち、内発的動機づけにとっては、自己決定の方がより重要であり、必要でもある。」[14]としたうえで、「(しかし)健康な発達には、人が自己の環境内の他者や人材を敬うと同時に、(それら)自己の欲求の充足を許す行動を選択するというように、当該環境との自律的な相互作用の様式を確立することが含まれている」[15](傍点は筆者によるもの)。つまり、デシによると、「発達」とは、「自己決定」

及び「有能さ」という自己の内に向けられる欲求と、「関係性」という自己の外に向けられる欲求を同時に満足させるために、「該当環境との自律な相互作用の様式を確立する」ことを意味している。しかし、この場合、「該当環境との自律的な相互作用の様式を確立する」ことには、「学習」または「体得」という行為が起きる、と筆者は考える。なぜなら、この様式を確立する過程において、個人が自律感や自己決定感、有能感を得ようと環境に働きかけて行動するという側面と、他者を敬い人とのつながりを求めて自己を一定程度修正してでも自分を環境に適応させるというもう一つの側面が、同時に存在している。それら二つの異なる行動を繰り返すこと自体がまさに「学習（体得）」であり、それによって「環境との自律的な相互作用の様式の確立＝発達」が進行すると考えられるからである。

しかし、つぎに検討するシャイン及び高橋のキャリア論には、デシが主張した内発的動機づけの三要因に関して類似性がみられても、デシの理論にある「該当環境との自律な相互作用の様式を確立する」といった内容を含む「発達」という言及がなく、筆者の主張する「学習（体得）」の論点もみられない。以下検討する。

四　シャインのキャリア論

1　「キャリア・アンカー」と「キャリア・サバイバル」

シャインは、一九七八年の著作『キャリア・ダイナミックス』[16]などで、個人の価値がどのようにして組織の価値に教化・同化されるのかについて、卒業生四四名に対して一二年間にわたる追跡調査を行い、分析・検討をしている。その結果、個人が組織によって完全に教化・同化されることがなく、個々の従業員の内に「どうしても犠牲にしたくない…ほんとうの自己を象徴する、コンピタンスや動機、価値観について、自分が認識していることとが複合的に組み合わさったもの」[17]がある、と主張した。これがシャインの「キャリア・アンカー」の概念である。キャリア・アンカーとは、職務や職場が変わっても貫いている個人の特性であり、個々人の①才能・能力、②動機・欲求、③価値観・態度から構成され、これら三つの要素が統合しその人のアイデンティティを組織化し形成させるものとされている。シャインによれば、要するに、キャリア・アンカーは、個々人が職業や仕事の選択に迫られる時に方向づけてくれる「拠り所」（錨）で、個人は自分のキャリア・アンカーを探ることによって自己概念が明確化し、キャリアにおける個人のニーズも明確になるとして、キャリア発達において個人の自己概念が重要な側面を形成すると主張している。

しかし、一九九五年に、シャインは、『キャリア・サバイバル―職務と役割の戦略的プラニング―』[18]を出版し、キャリア・サバイバルの概念を提唱した。[19]それによると、個人のキャリア発達において組織のニーズを把握する必要もあり、個人のニーズと組織のニーズをマッチングすることが重要とされた。キャリア・サバイバル概念は、具体的には、「職務と役割の戦略的プラニング」という形で展開され、つぎの六つのステップからなっているとされている。すなわち、①現在の職務と役割を棚卸しする、②環境の変化を識別する、③環境の変化が利害関係者の期待に与える影響を評価する、④職務と役割に対する影響を確認する、⑤職務要件を見直す、⑥職務と役割の戦略的プラニング・エクササイズの輪を広げる、である。シャインは、個々人が、この六つのステップで自分の職務と役割を常に点検し、自己と組織のニーズのマッチングを図るべきと主張したのである。

このように、シャインのキャリア理論は、一方では、キャリア・アンカーの概念でキャリア発達にとって個々人のアイデンティティが重要な役割を持つことを提示し、他方、キャリア・サバイバルの概念により、自己が組織や環境のニーズに耳を傾け、自己と組織のダイナミックな調和を図るべきことを提示したのである。また、この両立こそが重要であるとしている。

2　シャインのキャリア論とデシの内発的動機づけ理論の類似点の検討

金井は、シャインのキャリア・アンカー概念について「自分らしく生きるということがキャリア発達の中核にあり、…内発的モティベーションの研究からも、…自分で好きなこと、価値あると思えることに、つまり自分らしさにかかわることに邁進するときに、やる気も高まることが明らかにされてきました」[20]と説明し、シャインのキャリア・アンカー概念と、デシの自己決定の概念の考え方の間に共通点がみられることを示唆している。その共通点とは、キャリア・アンカー論で主張された「個人にはどんな状況でもどうしても犠牲にしたくない拠り所がある」ということと、デシが主張する「人間が内発的に自己決定感を持ちたいという欲求がある」ということの間に類似点があることを指している。つまり、シャインもデシも、個人のあり方について「個人が活動において自由な意志で選択し行動したいという志向があること」を主張している。

また、キャリア・サバイバルについて、金井は「有能さも自分らしさの自己イメージを形成し」「サバイバルにもかかわっている。」[21]と述べ、両者の関連性を示唆している。キャリア・サバイバルは、いわゆる、職務（やっていること）と役割（やるべきこと）のマッチングを問題にしている。金井は、キャリア・サバイバルの過程で自分が環境に対処できているという感覚が生まれ自信につながるため、キャリア・サバイバルをキャリア形成の一側面、とくに初期のキャリアでは重要な側面である[22]として、デシの主張した「有能さへの欲求」に関連があることを指摘したのであろう。

また、金井は述べていないが、筆者は、キャリア・サバイバルとは「自分のおかれた職務と役割にかかわる大勢の人びとからなるネットワークを描き、周りの人びとから自分に対する要望とその変化を診断…仲間と議論しながら、…ネットワーク内の重要な人物と話し合う」[23]こととされているところから、サバイバルがデシの「関係性への欲求」からみても近い内容であると考える。

このように、シャインのキャリア論で展開されたキャリア・アンカー概念及びキャリア・サバイバル概念を考察すると、デシが主張した内発的動機づけの三要因と一定の類似点がみられる。なお、キャリア・アンカーやキャリア・サバイバルの議論以外に、シャインはキャリア・サイクル論も展開し、個人がキャリア初期及び中期で直面する諸問題とその原因を分析している。それによると、キャリア・アンカーは、厳密に言えば、キャリア初期に起きる問題とされている。このように、シャインは、キャリアそのものが段階を追って発達するといった議論をしているものの、デシにみられた自己決定・自律性への欲求とともに、環境との関係で自己を修正し適用させる意味での「発達」という点では言及がなく、従って、筆者の主張した「学習（体得）」の論点もない。

五　高橋俊介の自律的キャリア形成論

1　キャリア自律行動の三因子

高橋は、慶応大学のキャリア・リソース・ラボラトリーの協力の下で日本でのキャリア自律における個人の意識と行動について実態調査を行った。[24] 調査は、大手企業一四社、合計約二四〇〇人に対するアンケートにより行われた。調査の目的は、「内的基準における充実度や満足度の高いキャリアをもたらすキャリア自律行動とはいかなるものかを定量的に明らかにすること」[25] とされた。

そこで、キャリア自律行動を特定するために、「これまでの自分のキャリアが成功していると自己評価した」という六〇人に対して事前インタビューを行った。そこで得られた回答を、キャリア行動に関する一四項目にまとめ、因子分析手法を用いて分析した。その結果、一〇項目から三つの因子が抽出された。それは、①主体的ジョブ・デザイン行動、②ネットワーキング行動、③スキル開発行動、である。つまり、キャリア自律はこの三つの行動により形成されると仮定されたのである。さらに、その三つのキャリア自律行動の具体的な内容について、①主体的ジョブ・デザイン行動とは、自分の価値観やポリシーを持って仕事に取り組み、周りの変化に対して自分なりの見解を持ち、積極的に周囲の人を巻き込み仕事をする。また、仕事の進め方についても自分なりの発想を持ち、自己の満足感を高めるように仕事のやり方の工夫をしている、といったものである。②ネットワーキング行動とは、新しいネットワークづくりに常に取組み、自分のネットワークを構成するメンバーのニーズを把握し応えようと心がけ、また、自分の問題意識や考えを社内外の要に共有してもらう努力を行っているものとされている。③スキル開発行動とは、スキルや能力開発のため自己投資をし、将来に向けてスキル開発の具体的なプランを持っているというものと説明された。

2　高橋によるキャリア自律行動の三因子とデシの内発的動機づけ理論との類似点の検討

このキャリア自律行動の三因子の内容を検討してみると、明確に、それぞれの行動は、デシの「自己決定」、「関係性」、「有能さ」への欲求に近い内容を示していると筆者は考える。具体的に、①「主体的ジョブ・デザイン行動」とは、個人の価値観、ポリシー、発想を積極的に仕事に取り入れ、実現していくことがキャリア自律にとって重要であることを指しているが、これは、まさに個人の「自己決定への欲求」にかかわるといえよう。また、②「ネットワーキング行動」とは、人とのつながりを積極的に構築し、周りとの理解と意識共有を図っていくことであるが、これは個人の「関係性への欲求」、③「スキル開発行動」は、将来に向けて自己投資や能力開発プランを持ち、自己を有能化することであるが、個人の「有能さへの欲求」にかかわるものといえよう。

しかし、検討してきたように、高橋のキャリア調査研究は、個人のキャリア開発における「自律」に焦点が置かれ、「発達」という用語が見受けられず、デシが示した「発達」という視点を示す叙述もみられない。

六　むすび――「発達」の視点の可能性――

これまでの議論を整理すると、デシは、内発的動機づけを規定するものには、「自己決定」「有能感」及び「関係性」への欲求という三つの感覚があり、それらを獲得しようとする過程において個人が環境との自律的な相互作用の様式を確立することによって発達していくと主張した。さらに、筆者は、その過程で「学習（体得）」という行為が起きると説明を加えた。なお、シャインと高橋の議論では、デシの内発的動機づけの三要因とは類似性がみられたが、「発達」という視点や、筆者が主張した学習（体得）という点については言及がみられなかった。つまり、個人の具体的欲求や行動については、三人とも同様な主張をしたが、それらの欲求や行動が実は個人の発達につながると一歩進んだ主張をしたのはデシだけであったということである。個人の「発達」への言及の有無は、個人の行動を研究対象とする動機づけ理論と、個人が組織の中で働くことやその働き方を研究対象とするキャリア理論の研究範囲の違いによるものかもしれない。しかし、仮にそうであっても、日本経団連の諸提言にあったように、キャリア開発における個人の自律を重視するのであれば、筆者は、この「学習（体得）」・「発達」の視点をキャリア論に取り入れるべきと思う。本稿は、内発的動機づけ要因のレベルでキャリアの諸議論との関連づけを検証することにとどまったが、要因のレベルで一定の類似性が論証されたことから、筆者の「学習（体得）」の主張を含めてデシの「発達」の視点がキャリア論でどこまで適用可能性があるか検討する余地があると思われる。

なお、冒頭でふれたように、金井（二〇〇六）は、動機づけ論とキャリア論の結びつきについて、「目標設定理論は、モティベーション論とキャリア論とを結びつけるいい視点にある」[26]や「モティベーションとキャリアを有意義につなぐ概念が、時間的展望と人生レベルの目標だ」[27]との見解を示している。つまり、キャリア論でも動機づけ論でも「目標」は中核概念であるが、その目標に時間軸を入れて近い目標と遠い目標の関係でみれば、動機づけとキャリアの接点がその目標設定にあるということである。筆者は、以上の分析から、動機づけ論とキャリア論の接点が、目標設定のもとでの「学習（体得）」・「発達」の視点にあるのではないかと仮定し、今後、検討を深めていきたいが、基本的には金井の見解に異論を持っているわけではない。さらに言えば、時間軸でみれば、「学習」は、目的意識的に個別の場面、場面で経験し体得することで、どちらかというと短い時間における行為である。それに対して、「発達」は、以前の状態と比較して新しい段階に進んだかどうかをみることで、一定の長さの時間が想定されているといえる。その時間軸の観点においては、筆者も、金井説と共通の認識を持っている。しかし、金井が触れていない、「学習（体得）」（筆者）、「発達」（デシ）の視点を補充すると、理論化が充実すると考えたのである。

また、日本経団連の提言では、これからキャリア開発においては個人の内面にある動機づけを重視すべきとの認識を示し、企業の人事政策に一定の変化がみられた。しかし、提言は、企業や財界が従業員に求める能力を提示する側面が強く、従業員に対する動機づけの活用についてはあまりふれられなかった。検討の余地がまだ残されているが、キャリア開発において「学習（体得）」・「発達」の考え方が有効な視点であるとすれば、個人の学習や体得を促す「教育」が重要な活動になるはずである。ところが、「雇用ポートフォリオ」提言以降、多くの企業で全階層・全職能に対する企業内教育が廃止され、幹部候補者への選抜的教育をする傾向が強くなっている。こうした傾向がより進行すれば、従業員の「学習（体得）」・「発達」の機会が限定されてしまうことにもつながる。その意味でも、「学習（体得）」・「発達」の視点のキャリア開発における有効性を検証する意義は大きい。

注

（1）『組織科学』（一九六七年創刊）と『経営行動科学』（一九八六年創刊）の掲載件数合計は、九〇年代前半までは約三〇件だった。しかし、九五〜〇七年までの間だけでも四〇件を越えている。また、一九九九年に創刊した『日本労務学会誌』の掲載件数を加算すると、九〇年代後半以降この三つの雑誌では、約六〇件のキャリアに関する研究論文が掲載されていることになる。

（2）金井壽宏『働くみんなのモティベーション論』NTT出版、二〇〇六年。

（3）本稿では、「キャリア開発」、「キャリア形成」、「キャリア発達」などキャリアに関する諸表現の使い分けについて、厳密には違いがあると認識しているが、その違いの詳細な検討は別の機会に譲るとして、これらの表現を「キャリアを作り上げていく」という一般的な理解で取り扱い、表現の使い分けは、それぞれの議論が展開された文献で使われた表現をそのまま適用することとする。

（4）日本経営者団体連盟『新時代の「日本的経営」―挑戦すべき方向とその具体策―』、一九九五年、三二―三三頁。

（5）日本経営者団体連盟『エンプロイヤビリティの確立をめざして―「従業員自律・企業支援型」の人材育成を―』、一九九九年、九―一〇頁。

（6）㈳日本経済団体連合会「主体的なキャリア形成の必要性と支援のあり方―組織と個人の視点のマッチング―」、二〇〇六年。（http://www.keidanren.or.jp/japanese/policy/2006/044/index.html、二〇〇九年三月九日に確認）

（7）本稿では、「動機づけ」も「モチベーション」も、基本的に同じ意味で取り扱う。あえて使い分けをする場合については、直接引用する際のみで、それ以外は、基本的に、「動機づけ」と表記する。

（8）「ストレッチ」とは伸縮運動という意味であるが、キャリア論の概念として提唱されたのは、花田（例えば、花田光世・宮地夕紀子・大木紀子「キャリア自律の新展開」『一橋ビジネスレビュー』二〇〇三年SUM、六―二三頁参照。）によるものとみられる。

（9）Deci, E. L., *Intrinsic Motivation,* Plenum Press, 1975, p. 55.（安藤延男・石田梅男訳『内発的動機づけ―実験社会心理学的アプローチ―』誠信書房、一九八〇年、六一頁。）

（10）*Ibid.,* p. 57. 同訳書、六三頁。

（11）*Ibid.,* pp. 139-142. 同訳書、一五六―一六〇頁。

（12）デシの“need for relatedness”の概念を「交流感への欲求」と訳される論者もいる。（13）の注で取り上げられる文献を参照。

（13）Deci, E. L.（中山勘次郎抄訳）「日本教育心理学会第三三回総会―準備委員会企画特別講演：学習と適応―教育と内発的動機づけ」『教育心理学年報』第三一集、三六頁。

（14）Deci, E. L., *The psychology of self-determination,* Lexington Books, 1980.（石田梅男訳『自己決定の心理学―内発的動機づけの鍵概念をめぐって―』誠信書房、一九八五年、五八―五九頁。）本来なら、原典に当たらなければならないが、今回は諸事情により訳書の参考のみとなっている。

（15）同訳書、一七五―一七六頁。

（16）Schein, E. H., *Career Dynamics: Matching Individual and Organizational needs,* Addison-Wesley Publishing Company, 1978.（二村敏子・三善勝代訳『キャリア・ダイナミックス―キャリアとは、生涯を通しての人間の生き方・表現である―』白桃書房、一九九一年。）

(17) Schein, E. H., *Career Anchors: Discovering Your Real Values*, Jossey-Bass/Pfeiffer, 1990.（金井壽宏訳『キャリア・アンカー―自分のほんとうの価値を発見しよう―』白桃書房、二〇〇三年、一頁。）本来なら、原典に当たらなければならないが、今回は諸事情により訳書の参考のみとなっている。

(18) Schein, E. H., *Career Survival: Strategic Job and Role Planning*, Pfeiffer & Company, 1995.（金井壽宏訳『キャリア・サバイバル―職務と役割の戦略的プラニング―』白桃書房、二〇〇三年。）

(19) 金井壽宏（『キャリア・デザイン・ガイド―自分のキャリアをうまく振り返り展望するために―』白桃書房、二〇〇三年）によれば、「キャリア・サバイバル」という言葉はシャインの発想によるものではなく、出版社が「キャリア・アンカー」と対比させるために付けたものである。しかも、シャインは、「キャリア・サバイバル」という名称が逆にアウトプレースメント対策や、競争を生き残るためのキャリア対策などと誤解される恐れがあるとして、この名称を付けることに反対したとのことである。また、シャインは、環境がダイナミックに変貌している中で、今の状況を如何に乗り切るかの課題は自分の分析よりも自分の周りの分析であるとしたため、「キャリア・サバイバル」で語ろうとするものが、長い目で見た職業人生という意味におけるキャリアそのものを問う問題というよりも、職務と役割のマッチングの問題であるとしている。ところが、金井は、ある時を乗り切ることも、長いキャリアにおいて大事であり、その先に行く方向に影響を与える可能性があるため、キャリアの一つの側面として捉えることもできるとしている（二二頁）。

(20) 同書、四頁。

(21) 同書、六頁脚注。

(22) 同書、六頁脚注。

(23) 同書、三九頁。

(24) この部分のまとめは、主に、高橋俊介『キャリア論―個人のキャリア自律のために会社は何をすべきなのか―』東洋経済新報社、二〇〇三年を参照した。

(25) 同書、八〇頁。

(26) 金井壽宏、二〇〇六年、二七八頁。

(27) 同書、三三六―三三七頁。

参考文献（以上章末の注で触れた引用文献以外の参考文献）

Deci, E. L. & Flaste, R., *Why we do what we do: The dynamics of personal autonomy*, G.P. Putnam's Sons, 1995.（桜井茂男訳『人を伸ばす力―内発と自律のすすめ―』新曜社、一九九九年。）

二村敏子編『現代ミクロ組織論―その発展と課題―』有斐閣ブックス、二〇〇四年。

波多野誼余夫・稲垣佳世子共著『発達と教育における内発的動機づけ』明治図書出版、一九七一年。

中原　淳編著『企業内人材育成入門―人を育てる心理・教育学の基本理論を学ぶ―』ダイヤモンド社、二〇〇六年。

十一　一九九〇年代以降のドイツ経営経済学の新たな展開

――ピコーの所説に依拠して――

清水一之

一　はじめに

本論文は、二〇〇二年Eduard GauglerとRichard Köhlerの編纂による「経営経済学の展開：専門領域における一〇〇年―出版史（*Entwicklungen der Betriebswirtschaftslehre: 100 Jahre Fachdisziplin - zugleich eine Verlagsgeschichte*）」の中に収められているアーノルド・ピコー（Arnold Picot）の「一九九〇年代以降のドイツ経営経済学の新たな展開（Jüngste Entwicklungen in der Betriebswirtschaftslehre）」（Eduard Gaugler, Richard Köhler, 2002, S. 166-195）に依拠しつつ今日のドイツ経営経済学の多様性について考察するものである。(1)

二　経営経済学における重要な展開

ピコーは、九〇年代以降の学説史を以下の三つに分類している。

第一に「九〇年代を通じて議論された主流派とそれとは異なる分析視角からの展開」

ここでは、①資本市場志向と株主価値に関する議論、②生産要素的情報の定着とその重視、③組織論的問題設定の継続的な展開、④新制度派経済学、⑤変革的管理そして⑥国際化とグローバリゼーションの六つのテーマが挙げられている。本論では、①、②、④そして⑤を中心に展開することとする。

第二に「九〇年代に集中的に問題とされ、議論された展開」であり、

ここでは、A．日本的経営とその研究、B．イノベーション研究と研究開発の研究、C．コントローリング、D．原価計算、E．ドイツにおける経営経済学、そしてF．高等教育機関とG．企業倫理が扱われている。

第三に「九〇年代には前面に出てこなかった議論の展開」が、最後の分類である。

このピコーによる九〇年代以降の三つの分類は、「一九九〇年代を通じたドイツ経営経済学の新たな展開は、明らかな枠組み形成なしに数多くの多様でかつ部分的に重なり合った展開と分析視角を示している」(Eduard Gaugler, Richard Köhler, 2002, S. 167) と要約される。

本論文では、この三つの分類の中で、第一の分類を中心に論じることにする。特に、学説史の中で主流派と捉えられている上述したテーマ①経営経済学の資本市場志向、②生産要素としての情報を定着させ、それを重視している点、④新制度派経済学を積極的に導入している点、⑤変革的管理を重視する点について、その意義と限界を検討する。

はじめに指摘されることは、九〇年代以降におけるこのような経営経済学の特徴は、高橋の指摘する七〇年代の傾向と、その分化という点で類似していることである。ここで七〇年代に高橋の行った分類は、一．「意思決定志向経営経済学」、二．「経営経済的組織論」、三．「企業管理論」そして四．「オペレーションズ・リーサーチ」の四つである。

ピコーは九〇年代以降の経営経済学の展開を大きく二つの展開として捉えている。第一に国民経済学の一貫としての個別企業の生産性向上活動を主として取り扱う方向（グーテンベルク流の解釈）と、第二に、従来までの動きとは無関係な数多くの部分的な領域と個別の視角を形成し、同時にそれを深化させているという方向である。後者の経営経済学の展開は、伝統的に非常に強固に組み立てられた学説の展開とは異なっている。[(2)] このことを象徴するように、出版される文献もそれを反映している。近年では、一冊で理論的に完結するような体系的な著作の出版は比較的減少している、むしろ編著の改良版・増補版の方が多い。その他には多くの辞典、事典、一般経営経済学の叢書、専門用語辞典そして異なった著者による個別論文からなる共著論文雑誌が出版されている。

九〇年代以降の経営経済学のさまざまな問題設定を考えれば、多元的な研究とそれに関連する学問の方向性と分析視角の多彩さが、特徴と考えられる。この理由をピコーは、「経営経済学と互いに関連した情報科学、心理学そしてもちろん国民経済学といったもともと関係している分野からの影響のみならず、特に、近年では国際的に支配的なアメリカでの研究の影響（Amerikanisierung）」が指摘される。それは、例えば特定のミクロ経済学的な研究そして情報科学に関係した問題設定に表れている。ピコーはこのような問題設定が、「特にアメリカの大学との国際的な学術交流によって伝統的な経営経済学の分析視角を拡張することを要請し、かような多彩さが求められた」と分析している。このような展開によってドイツの伝統的な経営経済学は、かような多彩さを摂取・吸収しつつ国際的（グローバル）な評価を得ることになった。これは、例えば、雑誌シュマーレンバッハ・ビジネス・レビュー（sbr）の英語版による発刊にも表れており、また英語による講座・シンポジウムの開催強化、国際的に評価されている専門領域を持つ研究者の招聘を始め、ドイツの大学の伝統的な学位（Diplom）にかわり新たな学士号（Bechelor's Degree）そして修士号（Master's Degree）の導入、このような傾向は国際的な研究分野への参入、同様に英文雑誌への投稿のみならず英語圏の出版社でのドイツ人著者による発刊等によっても明らかである。アメリカからの影響のみならず、ドイツ語ではなく英語による思考方法こそが、「極度のアメリカ化」を生んでいる。

他方の九〇年代以降の経営経済学の展開は、経済理論との強い関連である。例えば、プリンシパル・エージェント関係での公式的（formal）な記号論の利用がある。ピコーも同様に第一版「組織論」では論点としなかったが、一九九九年に改訂した第二版では、新制度派経済学に取り組んでいる。このようなゲーム理論的な数学モデルにおける展開を重視する一方で、モデル構築の前提条件にとらわれない、現実の動きを有機的に結合させる実証研究も盛んである。これが、ツーゲヘア（Zugehör, R.）の『ライン型資本主義の将来―資本市場・共同決定・企業統治―』である。この中で一九九〇年代以降のドイツの資本市場と共同決定にプリンシパル・エージェント理論と所有権理論を適応し、詳細な実証分析が行われている。

三　資本市場志向と株主価値に関する議論

二〇〇八年末の未曾有の金融危機を境に、資本市場志向と株主価値に関する議論が注目されているが、二〇〇二年に執筆されたピコーの論文は、この議論に関して若干の時間的なずれを感じさせる。しかしながら、経営経済学における一般的な見解として、この議論は「財務論」そして「資本市場論」からアプローチされる。資本市場志向と株主価値に基づく議論は、元来アングロ・サクソン圏に由来し、展開してきている。ドイツ語圏での先駆的な資本市場研究は、すでに七〇年代終わりから議論されているが、特に八〇年代の終わりにかけて行われたドイツ学術振興会の重点課題プログラム「先駆的資本市場研究」で盛んに取り扱われ、それと平行して、多数の著書そして学術書が出版されている。その中で、資本市場研究の先進的な理論的側面の問題、投資に関する問題、リスク管理の問題そして企業財務分野での問題が議論され、この議論への更なる研究成果の応用が進んでいる。

この資本市場志向は、高橋そしてメッフェルト（Meffert, H.）も同様に、すでに七〇年代終わり頃から議論が強まったことを指摘している。この資本市場志向の企業戦略は、株主価値を重視している（Eduard Gaugler, Richard Köhler, 2002, S. 49-150）。この資本市場志向的な経営経済学の展開は、マーケティング、人事そして組織に関する戦略的経営から動機付け、管理、そして財務に至るまでの全ての分野を包括し、これに見合うような「市場価値志向的経営管理」という分野を展開させている。この考え方は「株主価値の創出（Creating Shareholder Value）」という議論を展開させ、株主のためだけの企業価値（シェアホルダー的観点）の向上を目的としている。

それに対して批判的見解も多数ある。特に本論文において指摘するのは、資本主義の形態としてのアングロ・サクソン型と欧州型（ライン型資本主義）との相違である。この中で、アングロ・サクソン型がシェアホルダー（株主）中心主義を念頭に置いているのに対して、ライン型はステイクホルダー（株主を含む多様な利害関係者）を重視している。ライン型資本主義は、主にドイツの「共同決定法（Mitbestimmungsgesetz）」によって醸成された概念を基礎として多様な利害関係者の調整を図っている。このようなライン型資本主義体制は、古くは一八〇〇年代のビスマルクそして、その後の一九二〇年代のグーテンホフ・カレルギーの「汎ヨーロッパ主義」から始まり、体制転換期の一九八九年の「ヨーロッパ・ピクニック」以降に強まる欧州統合（ＥＵ化）の流れの中で、加盟国を当初の六から十五、そして二十七カ国へと、その体制範囲を着実に拡大させている。このような、市場経済に規制を加えるライン型資本主義の中心的なシステムである「共同決定法」は、企業の社会化から民主化を概念転換としステークホルダー論を根幹に展開してきている。

四　生産要素としての情報の定着とその重視

九〇年代は、情報・通信に関する技術革新から強く印象付けられる。情報の伝送そして加工、その際に生じる思考の共通化による劇的なコスト低減は、企業を部分的にではあるが、企業形態、企業の市場における関係性そして全社・事業戦略の概念に関しても全く新たな可能性を開いている。

経営情報科学の特徴は、経営経済学の部分分野あるいは狭い隣接分野として理解され、情報技術と通信技術が「融合」する中で、経営経済学にもこの「融合」による影響が反映されつつある。八〇年代の半ばから終わりにかけて、この分野の中心的な問題点は、生産と管理そして組織間の情報通信における情報処理の問題にあったが、九〇年代初めから半ばにかけては、内部的・中間的組織で、この情報処理をいかに自動化するかの可能性と限界が議論されている。そこでは商品流通機能からＥＲＰ（Enterprise Resource Planning）システムへの発展が必要となり、その中での電子的情報交換（EDI：Electronic Data Interchange）での前提・限界条件、をいかに設定するかが問題となっている。ここでの議論は、新規性を失うどころか、それとは逆に、最近ではインターネットそしてＥビジネスといった外的環境の拡大によって、ますます応用可能性が期待されている。

ピコーによれば、今日まで持続し、次の一〇年にわたって続くと考えられる九〇年代半ばごろに始まった継続的発展は、様々な「情報伝達媒体（Medien）」の統合として理解される「複合媒体（Multimedia）」である。この複合は、技術的な媒体のみならず、経済的そして企業的なプロセス全般（モジュール化）に影響を与えている。様々な情報伝達媒体の意義そして経営経済学の中での情報伝達媒体の増加する役割は、この分野における多くの刊行物、同様に、経営情報科学の講座の増加による各大学の専門講座の創設によっても明らかである。

加えて、仕事と生活のためのインフラとして拡大するインターネットの将来と可能性が盛んに議論されている。これと関連した二つの議論がある。第一は、今後のインターネットの競争的市場における新たな事業者のための活動規則が変更されるのか、そしてどのように変更され、そしてどのような新たな活動規則が出来上がるのかというガバナンスの問題である。このインターネット経済またはニューエコノミーの概念のもとでの議論は、未だ継続しており、経済学とニューエコノミーの特徴が結合され、伝統的な個別経済学の考え方にニューエコノミーの立場を取り入れている。

第二に、複合媒体の可能性といった内的・中間的組織における自動化の問題、つまり企業と消費者（B to C）の分野、企業と企業（B to B）の分野そして企業または消費者と政府の分野そして同様に企業と従業員の分野における業務の流れと業務遂行に関する自動化の基礎として、インターネットがどの程度普及するのかという問題である。このEビジネスまたはEコマースという頭文字で行われる議論は、今後も継続され、そしてその際に、多くの分野に拡張されるであろう。例えば、動的な経営、Eラーニング、情報化社会そしてE調達のような問題である。

経営経済学での生産における技術的発展の機会、可能性が議論される一方で、理論的な展開と並行して生産要素（Produktionsfaktor）としての情報に対して批判的な見解もある。これは、特に情報という生産要素の経済的な特殊性を主軸に「生産性の矛盾（費用対効果）」として議論されている。

ピコーは、広い意味での経営情報科学分野に該当する発展に二つの特徴を挙げている。

第一の特徴は、九〇年代以降に派生した問題に取り組んだ多くの拡張した部分分野が、経営情報科学の中で醸成されていることである。この多様性は、技術の補間的性格が取り扱われる技術に特化した論文、情報と通信に関する論文、技術的発展自体が重要な視点として取り上げられている論文等から明らかである。

第二の特徴は、経営経済学のその他の部分分野に影響を及ぼしていることである。例えば、生産とマーケティング、企業形態と市場構造、仲介機能の排除・見直しの問題、人材育成等々のような伝統的な経営経済学的な機能分野への影響である。ここでの発展（生産要素間のデータ統合）が、機能とプロセスの統合を要求し、そしてこのことが作業プロセス全体に影響を及ぼしている。

五　新制度派経済学

ピコーは、特に組織論的な問題とミクロ経済学の数学による記号論からの経済学、ここでは特に「取引費用理論」、「所有権理論」そして「プリンシパル・エージェント理論」の三つの理論によって構築される新制度派経済学を、近年の中心的な展開として位置付けている。

第一に新制度派経済学は、社会の（単純化された）行動ルール、つまり「制度」を分析している。「制度」には、法的、技術的、組織的そして文化的な枠組み条件が含まれる。制度経済学の問題は、どのような条件下で、どのような協働形態、すなわち、どのような分業での協業関係が効率的であるか、仕事の区分そして貢献度合いからどのような意味が生じるかを問題としている。これは「調整」の問題を内的・中間的組織問題に応用した「動機付け」理論である。この「動機付け」理論は、協働関係の中で目標に到達するべく参加関係者の貢献を如何に最適化できるのかという問題である。これは、内的・中間的組織における作業分担の両立しえる刺激形態を問題にしている。「調整」と「動機付け」の問題は、ポール・ミルグロム、ジョン・ロバーツそしてピコー等による組織論の観点から研究が深められている。そこでは制度派経済学で未解決であった内部的・中間的組織における人的管理の具体例を再検討し、限定合理的（多数の制御変数を条件付きで規定し）に再分析している。新制度派経済学は、組織論のアプローチを取り込みながら、経営経済学の一般的な問題設定として個別の部分領域と専門分野に応用されている。この分野は、例えば、経営学、人的資源管理、マーケティング、コントローリング、会計学、財務論、特定の産業分野分析または法学そして政治学である。制度経済学の考えと資本市場の理論から強く影響される新制度派経済学は、近年、「コーポレート・ガバナンス（Corporate Governance：企業統治）」の議論として扱われている。そこでは、監査役会、取締役会そして資本市場との関係性を分析することが中心にあり、この手法を用いて統治構造の効率化を目指した研究が行われている。

他方で新制度派経済学の前提とする限定合理性に基づく協業関係の限界を実証的な分析を通じて批判したのが、ツーゲヘアの「投資行動に及ぼす共同決定の影響」である。この中で一九九〇年代以降の「共同決定制度(Mitbestimmungssystem)」が、所有権理論の限定的な前提条件により構築されたモデルでは、説明力に限界があることを指摘している（Zugehör, R., 2003, pp. 95-142)。

六　変革的管理に関する議論

「変革的管理（Change Management)」は、第四節での情報技術・通信技術の影響を受け、それと同時進行する企業での変更可能な業務プロセスと強く関連し、新たな組織モデルの導出のために一般経営経済学（Allgemeine Betriebswirtschaftslehre）の前提（仮説）条件を再度検討したアプローチである。

この変革的管理は、「組織業務の流れの再構築（Reorganisation)」という言葉の下で経営経済学の中で既に長く扱われてきた。しかし、九〇年代半ばを境に、新たな刺激として「リーン管理」そして作業組織と関連した「作業工程の見直し(Business Process Reengineering：BPR)」が影響を与えつつ展開されている（「労働の人間化」

の議論）。

ピコーは、どのように「業務の流れの再編成」が、作業グループ内で具体的に生じうるのかを中心に研究している。以前は、組織構造の変化に焦点が当てられており、学問的には付随分野であった。ここでは、一般的な業務の流れの再編について焦点が当てられており、既存の組織構造の移行と変化が、作業グループの移行に「対応(bereit)」することが動機付けに重要であり、そのため経営経済学への心理学、企業文化論、人的資源管理そしてプリンシパル・エージェント理論による複合的な考察が重要であることを指摘している（チーム労働）。

九〇年代後半以降に盛んに取り上げられた変革的管理の議論は、多数の研究プロジェクトそして研究成果によって公刊され、情報・通信技術の発展を基礎とし、所有権市場における継続的なM＆Aによって、相違する組織の変化・統合の議論と関わって今後も活発な研究活動が行われるであろう。最新の研究では、経営戦略論の変化を強調している。つまり、この「変革的管理」という先進的な取り組みに基礎理論と経験則の援用では、この議論の展開のための示唆が求められないからである。

七　おわりに

本論文の目的は、一九九〇年代以降のドイツ経営経済学の新たな展開の中で主流派と捉えられる第三節から展開した「資本市場志向」、第四節「生産要素としての情報の定着とその重視」、第五節「新制度派経済学」そして第六節「変革的管理」をピコーの研究関心、そして高橋の見解を織り交ぜながら整理し、第三節〜六節での意義と限界を指摘した。この九〇年代以降における経営経済学の展開は、一方では、高橋の指摘する七〇年代の分化という傾向と類似してはいるものの、他方において、ＩＴＣ化、経済のグローバル化によって多様な考えを摂取・

吸収し、その対象領域を拡大しているというピコーの「明らかな枠組み形成なしに数多くの多様でかつ部分的に重なり合った展開と分析視角を示している」との主張とは異なっている。この変化は、従来までの固定的（静態的）な概念構築とは異なり、可動的（動態的）な概念把握そして新たな理論展開を示唆している。経営経済学の展開は、この先一〇年で広範に細分化したイメージを強めつつ、部分的に重なり、そして補完的な問題領域と研究分野を多元的な観点から説明すると思われる。

加えて、EUの深化・拡大との関連で、グローバリゼーションの波が現実のみならず、研究の分野にも影響を与えている。今後は、共同決定を所与としたドイツ経営経済学が、資本市場のグローバリゼーションにどう耐え、そしてドイツ的、ユーロ型が市場原理主義の動きと距離を置くことができるのか、具体的に環境問題を取り込む「市場志向的環境経営（Marktorientiertes Umweltmanagement）」というライン型の特殊性と資本主義の圧力を包含したハイブリッド型の可能性を研究したい。

注

（1）この一〇〇年史は、第Ⅰ部「経営経済学の展開における諸局面」と第Ⅱ部「経営経済学の重点分野の展開」の二つの部から構成されている。第Ⅰ部は、経営経済学の展開を六つの局面に整理しながら解説している。はじめに「商科大学（Dieter Schneider 著）」、一八九八年～一九三二年「商科大学における経営経済学の導入（Heike Franz/Alfred Kieser）」、一九三三年～一九四五年「ナチス体制下における経営経済学（Erich Potthoff）」、一九四五年～一九七〇年「第二次世界大戦後の経営経済学（Edwin Rühli 著）」、「七〇年代から八〇年代における経営経済学（Heribert Meffert 著）」、そして本論で取り上げる一九九〇年代以降の展開を分析するピコーの論文から構成されている。第Ⅱ部では、各経営経済学の分野を管理論 Georg Schreyögg、組織論 Erich Frese、人的資源管理 Eduard Gaugler、財務 Manfred Steiner、会計制度 Klaus v Wysocki、コントローリング Peter Horvath、マーケティング Richard Köhler、技術とイノベーション Klaus Brockhoff、生産 Werner Kern、ロジスティクス Oskar Grün、租税 Norbert Herzig、情報 Peter Martens/Lutz J. Heinrich、国際経営 Klaus Macharzina、企業倫理 Horst Steinmann/Albert Löhr が出筆している。

（2）例えば九版まで出版した Heinen（一九九一）、また Güuter Wöhe, "Einführung in die Allgemeine Betriebswirtschaftslehre は、一九九三年に一八版、一九九六年に一九版、二〇〇〇年に二〇版、二〇〇五年に二十一版、二〇〇八年に二十二版が出版されている。

主要参考文献

Alfred Kieser, Gerhard Reber, Rolf Wunderer, *Handwörterbuch der Führung/herausgegeben unter Mitarbeit von zahlreichen Fachgelehrten und Experten aus Wissenschaft und Praxis,* Stuttgart : Poeschel, 1987.

Eduard Gaugler, Richard Köhler, *Entwicklungen der Betriebswirtschaftslehre : 100 Jahre Fachdisziplin - zugleich eine Verlagsgeschichte,* Stuttgart : Schäffer-Poeschel, 2002.

Eduard Gaugler, Walter A. Öchsler, Wolfgang Weber, *Handwörterbuch des Personalwesens ; unter Mitarbeit von zahlreichen Fachgelehrten und Experten aus Wissenschaft und Praxis,* Stuttgart : Schäffer-Poeschel, 2004.

Günter Wöhe, *Einführung in die Allgemeine Betriebswirtschaftslehre,* 19. Auflage, Verlag Franz Vahlen München. 1996.

Günter Wöhe, *Einführung in die Allgemeine Betriebswirtschaftslehre,* 21. Auflage, Verlag Franz Vahlen München. 2005.

Klaus Chmielewicz und Marcell Schweitzer, *Handwörterbuch des Rechnungswesens/herausgegeben unter Mitarbeit von zahlreichen Fachgelehrten und Experten aus Wissenschaft und Praxis,* Stuttgart : Schäffer-Poeschel, 1993.

Meffert, Heribert/Kirchgeorg, *Manfred, Marktorientiertes Umweltmanagement,* 3. Aufl., Stuttgart 1998. 海道ノブチカ稿「メッフェルトとキルヒゲオルクの環境マネジメント論」『商学論究』（関西学院大学）、第四十九巻第二号、二〇〇二年一月。

Schmalenbach business review, Verlagsgruppe Handelsblatt Dusseldorf, 2000. 1.

Zugehör, R., *Die Zukunft des rheinischen Kapitalismus, Unternehmen zwischen Kapitalmarket und Mitbestimmung,* Leske+ Budrich, Opladen, 2003.（R・ツーゲヘア著、風間信隆監訳、風間信隆・松田　健・清水一之訳『ライン型資本主義の将来―資本市場・共同決定・企業統治―』文眞堂、二〇〇八年。）

高橋俊夫著『経営経済学の新動向』中央経済社、一九八六年。

ポール・ミルグロム、ジョン・ロバーツ著、奥野正寛訳『組織の経済学』ＮＴＴ出版、一九九七年。

※本稿執筆にあたり、レフェリーの先生方ならびに高橋俊夫教授、風間信隆教授に感謝を申し上げたい。

十二　ドイツ経営管理理論におけるシステム・アプローチの展開
――ザンクト・ガレン学派とミュンヘン学派の議論から――

柴田　明

一　はじめに

本稿は、ドイツ語圏の経営経済学（Betriebswirtschaftslehre）においてシステム理論に注目する学説を検討することで、ドイツ経営学説史の観点から経営管理理論におけるシステム理論の可能性を検討するものである。

企業やその環境における「複合性（Komplexität）」[1]の増大という問題が叫ばれるようになって久しいが、いまだ満足な解決策は提示されていない。「複合性」とは「所与の期間に多数の異なる状態をとることができる」（Ulrich/Probst, 1988, 邦訳、五五頁）こと、つまり物事を因果関係によって捉えることができず、選択可能性がつねに存在することを意味する。これを企業において考えるならば、所与の状況においてある企業が、例えば戦略A、戦略B…といった形でとりうる企業行動の選択可能性を意味するのが複合性の概念であり、複合性の増大という問題が意味するのは、特に近年企業を取り巻く環境がますます複雑化する中で、このような環境にうまく対処できるような組織、すなわち環境複合性に対処できる企業行動を可能にする組織をいかに編成するのかということである。この問題が満足に解決されていない原因の一つとして、これまでの経営学における機械論的な想定が挙げられる。この想定の下では環境の複合性増大に対処できず、場当たり的な管理手法がとられてきたのである。

このような問題を克服するアプローチとしてシステム理論がある。システム理論は従来の科学で主流だった因果分析思考を批判し、あらゆる現象の相互依存性を考慮しつつ全体的に捉えることの重要性を説いた。システム理論は経営学でも以前から注目されてきたが、しかしそれらは散発的に提唱されているに過ぎず、整序されていないため、ここで学説史の観点からそれらを整序する必要があると考えられる。

このことから本稿では、一貫してシステム理論に依拠して議論を展開するザンクト・ガレン学派の議論と、意思決定論の立場からシステム理論に関心を寄せるミュンヘン学派の議論を、ドイツ経営経済学説史研究として検討することで、経営管理論におけるシステム・アプローチを整序し、上記の複合性問題の解決を探る。

二　ザンクト・ガレン学派の主張

ザンクト・ガレン学派は、ウルリッヒ（H. Ulrich）の『生産的社会システムとしての企業』（Ulrich, 1970＝2001）を契機としてシステム志向的経営経済学（systemorientierte Betriebswirtschaftslehre）を提唱した。彼らが問題としたのは、それまで主流だったグーテンベルク（E. Gutenberg）学説に代表されるような、経済学主導の一面的な見方が現実の企業のあり方と乖離しており、その複合性をとらえきれていないということであり、またそれが機械論の想定をとっているということだった。この問題を克服するために、ウルリッヒは一般システム理論やサイバネティクスに基づいて新しい管理のあり方を提唱したのである。一般システム理論は有機体論の立場からシステムの全体性、開放性などを強調し、サイバネティクスはある目的を所与として目的からの逸脱を打ち消すことでシステムの行動をそれに適合させるというネガティブ・フィードバックのモデルを提唱したものである。特にサイバネティクスは、環境との関係の中でシステムに生じる逸脱現象を打ち消し、システムを安定した状態に保つことを目標とした。

これに基づきウルリッヒは企業を、インプットとして原材料を調達し、それをシステム内で生産してアウトプットとして財やサービスの形で販売する、人間と設備等の物質財を構成要素とするオープン・システムとみなした。ここで彼は、企業目標にしたがって企業システム内の活動を制御するプロセスを描き出すことで、目的志向的な社会制度としての企業の「形成（Gestaltung）、制御（Steuerung）、発展（Entwicklung）」を追求し、実践に役立つ管理モデルの提唱を目指した（Vgl. Ulrich, 1984）。しかし彼の学説は、サイバネティクスの影響により企業目標という当為値（Sollenwert）をもとに企業システム内部の当為値からのずれをつねに修正するプロセス、つまり環境との均衡の維持を妨げる攪乱を相殺して全体を維持することを想定していた。それは結局管理者の側から見た企業の厳格な管理、制御を目指した理論であり、彼が批判した機械論的企業観そのものだった。よって結果的にこの発想では企業組織の複合性をとらえることはできなかったといえる。

一方、一般システム理論とサイバネティクス以降、システムの安定性維持とは反対にシステムの逸脱増幅や自己変動に焦点を当てる「自己組織性（Selbstorganisation）」の議論が登場した。そこではシステムは、たとえば「ゆらぎ」によって逸脱を増幅させ、自らの構造を変化させると想定された。また社会科学ではルーマン（N. Luhmann）が「オートポイエーシス」理論を社会学に導入し、社会システムを自己再生産的なシステムと見なした（Vgl. Luhmann, 1984）。ザンクト・ガレン学派はこのようなシステム理論の発展に影響を受けて、企業組織の複雑さをとらえうる新しい管理論を模索し始めた。

たとえばウルリッヒの弟子であるマリク（F. Malik）とプロープスト（G. Probst）は、ハイエク（F. A. v.

Hayek）の「自生的秩序」の概念に基づき、企業を自己組織的で自生的なシステムと見なす「進化的マネジメント（Evolutionäres Management）」を提唱した（Vgl. Malik, 1979; Malik/Probst, 1981）。そこでは管理者は、組織が自生的に運営されるように条件を整えてやる「触媒者（Katalysator）」の役割を演じるとされた（Malik/Probst, 1981, S.132）。

またプロープストは、「意味（Sinn）」を持ち、解釈的な性質を持つ社会システムの自己組織論を追求した（Vgl. Probst, 1987）。彼は企業の組織デザインについて、従来型の実質的デザイン（substantielles Gestalten）に加えてシンボリックなデザイン（symbolisches Gestalten）を強調する（Vgl. Probst, 1987, S.91ff.; Probst/Scheuss, 1984）。シンボリックなデザインとは社会システムの意味や解釈を考慮する組織デザインであり、ここでは企業文化などの目に見えないレベルと、行為、人為的産物、言語などの目に見えるレベルとの相互作用が問題となる。つまり企業システムの意味や解釈のレベルでは、企業文化が行為などに影響を与え、それが再び企業文化に作用するという相互的フィードバックの関係が成り立つ。よって管理者は目に見えるレベルに作用することで企業文化に影響を与え、シンボリックなデザインを果たすのである。ここでのマネジメントの課題は組織メンバーの選択可能性を高めることなどであり、社会システムの自律性を生み出す政策が推奨される（Vgl. Probst, 1987, S. 113ff.）。

さらに近年では、リュエッグ・シュテュルム（J. Rüegg-Stürm）がルーマンに基づいて企業をオートポイエティックな社会システムとみなした（Vgl. Rüegg-Stürm, 1998; Rüegg-Stürm, 2003）。彼は企業システムの要素を人間ではなく出来事（Ereignis）あるいは出来事の流れとする（Rüegg-Stürm, 1998, S. 6）。出来事とは具体的にはコミュニケーションあるいは意思決定だが、それらは発生と同時に消えるため、企業組織が継続するには出来事がつねに次の出来事に続かなければならない。そのため企業は出来事を「観察（Beobachtung）」することで情報価値を持つ出来事とそうでない出来事を区別し、次の出来事が続くようにしなければならない（Vgl. Rüegg-Stürm, 2003, S. 162ff.）。「観察」を通して組織に意味ある出来事が絶えず示されるようになると、そのような区別に成功した観察がつねに繰り返されるようになり、「ルーティン（Routine）」として定着する（Vgl. Rüegg-Stürm, 2003, S. 209ff.）。さらに企業においてルーティンは一つではなく、たとえば事業部などのサブシステムごとにさまざまなルーティンが存在するが、これらルーティンは相互に関連のないものではなく、企業組織全体の観察枠組みである「現実の秩序（Wirklichkeitsordnung）」によって関連づけられている（Vgl. Rüegg-Stürm 2003, S. 192, 220）。すなわち、企業組織においては現実の秩序という組織全体の観察枠組を軸としてさまざまな観察枠組が存在しているのである。彼の学説において重要なポイントは、企業組織を外部から観察するのではなく、それがどのように「観察」しているのかをシステム内的な視点から考察していることである。

以上がザンクト・ガレン学派の主張である。彼らは当初、サイバネティクスに依拠した制御志向の管理論を展開したが、その後進化論や自己組織論、オートポイエーシス理論などの導入により社会科学的な組織論へと移行した。しかしこのような変遷にもかかわらず、彼らの基本的な世界観、方法論的な特徴は一貫しているといえる。つまり彼らは、還元主義的な方法を否定し、事象の創発性を認め、方法論的集団主義の立場に立っているのである。この立場から彼らは、企業組織の自己組織的側面を重視し、マネジメントに企業組織の自己組織性を保持、発展させるような方策を推奨することで、複合性問題を克服できると考えたのである。

三　ミュンヘン学派の主張

キルシュ（W. Kirsch）を中心とするミュンヘン学派もそれまでの経営経済学の非現実性や一面性を批判し、

ザンクト・ガレン学派と同様「進化的マネジメント」を提唱することで、複雑で進化する能力のあるシステムとしての企業の管理を検討する（Vgl. z. B. Kirsch, 1985；Kirsch 1997；Knyphausen, 1988；Ringlstetter, 1988)。しかし彼らは、企業システム自体のダイナミズムを強調するザンクト・ガレン学派とは異なり、意思決定論の観点から、人間の行為とシステムの創発性の相互作用から管理現象をとらえようとする。彼らによれば、企業の複合性はコンフリクト多元的ないし利害多元的な状況から生じる。そこで管理者は企業の利害多元性を保持しつつ一つの意思決定を下して企業を維持発展させなければならないため、これを実現させるためのモデルとして彼らは「進歩能力のある組織（fortschrittsfähige Organisation)」のモデルを提唱する。進歩能力のある組織とは、「行為能力（Handlungsfähigkeit)」「感受性（Responsiveness)」「学習能力（Lernfähigkeit)」を持ち、企業に関わる様々な関係者の欲求をくみ取ると同時に企業の行為として意思決定を下すことができ、学習によって発展することで「関係者の欲求充足における進歩」を達成することができる組織である（Kirsch, 1985, S. 347；渡辺、二〇〇〇)。彼らはハーバーマス（J. Habermas）の概念に依拠し、「進歩能力のある組織」を企業システムが進化する際の最終段階に位置づけており、そこでの管理者の役割を「多元的なコンテクスト間の翻訳」とした（Vgl. Knyphausen, 1988, S. 313-329)。

またミュンヘン学派は、「計画された進化（geplante Evolution)」や「穏健な主意主義（gemäßigter Voluntarismus)」なる独自の「管理哲学（Führungsphilosophie)」に基づき、企業組織の自己組織性についてザンクト・ガレン学派とは異なる見解を持つ。彼らは自己組織プロセスを「雪玉の原理（Schneeballprinzip)」と呼ぶが（Kirsch, 1997, S. 10；Ringlstetter/Knyphausen, 1995, S.202)、これは異なるコンテクストをもつ人々が寄り集まって意思決定アリーナに組み入れられていくプロセスを表したものである。企業が様々なコンテクストを背景とした人々が参加するマルチ・コンテクスト状況にある中で、ある行為者は自身のコンテクストの観点から問題を定義し、この問題に関わると思われる人を意思決定アリーナに「招待」することで、企業において問題解決のコンテクストが形成されていく。これは、様々なコンテクストを背負った人々を受け入れるという点で自己組織的な側面を持つ。しかしこのことは、たとえばあるメンバーが「翻訳の試み」を企て、その際少なくとも部分的にコンテクストを同化させること、あるいは権力者が現れ、彼が自身の問題定義を他者に押しつけるといったことを排除するわけではない。よってミュンヘン学派の自己組織論においては、自己組織化と「外からの組織化（Fremdorganisation）」との相補性が前提とされている（丹沢、二〇〇〇）。これは企業では管理行為と見なせるだろう。つまりここでは、自生的に発生した価値規範や文化などと、権限などに基づいて実施された計画などとの相互作用が考慮されているのである。

このような理解に基づき、クニュプハウゼン（D. z. Knyphausen）は管理を「ガイダンス（Guidance）」ととらえる（Vgl. Knyphausen, 1988, S. 322ff.)。「ガイダンス」としての管理は、企業組織において自己組織プロセスが進んでいく中で、特定のコンテクストが力を持つことなどによりシステムが機能しなくなる危険を回避するために、「はじめから全体システムの利害を考慮することを個々のコンテクストに取り付ける」（Knyphausen, 1988, S.326）機能を持つ。このための手段として彼は、①相互参照（Interreferenz）、②調整（Modulation）、③条件付け（Konditionierung）を挙げている。①は「一種の共通言語を創出し、それに基づいてコミュニケーションが導かれることで、コンテクストの共訳不可能性を少なくとも部分的に調整する試み」（ebenda）である。ここでは「計画の枠組み（Planungsrahmen）」が例として挙げられている。これは、そもそもどのような計画が存在すべきかといったことを決めるものだが、計画の枠組みによって規定された言語の中で計画は策定されるのであり、これに基づいて全体システムに対する帰結についてコミュニケートできるのである。②は、自己組織プロセスを認めつつ「それにある特定の方向付けを与えるような制約条件を設定することで、直接的な形でプロセスを制御すること」(ebenda, S. 327) を意味する。たとえば各部門にスクーリング機能を設置し、長期的に問題解決の努力を作り出すといったことが考えられる。③は、影響を与えるシステムが影響を受けるシステムの内的作動を誘発するために、先行条件として刺激を与えることである。たとえば生産プロセスにおいてペースを設定することなどによる時間的な条件付けや、資源などを外部からアレンジすることなどによる物質的条件付けが挙げられる(ebenda)。

またリングルシュテッターとクニュプハウゼンは、自己組織プロセスにおけるマネジメントの機能として、①アリーナを開設し、その内部で自己組織プロセスを進行させること、②自己組織プロセスを強化すること、③企業発展の問題に取り組むようプロセスを持続させることを挙げている (Ringlstetter/Knyphausen, 1995, S. 203ff.)。①はコンテクスト間の翻訳や共通言語の規定などがある。②は、ヴィジョンを公式化するなどして、自己組織プロセスに方向付けを与えることなどがある。ここではたとえば科学技術のような企業外部の知見も利用される。③は、システムが硬直化しないよう、解決策をつねに問題視し、さらによりよい解決を見いだそうとするためにシステムを「液状化」させておくことなどがある。

これらの議論からわかるように、ミュンヘン学派は企業組織を複雑で自己組織的だとみるが、それに対して人間が外から介入できると考えている。つまり彼らは企業組織の他律性と自律性を相補的に考えているのである。

以上のような彼らの学説の基本的世界観は、ザンクト・ガレン学派とは異なり、還元主義的で決定論的な見方や方法論的個人主義を保持しているといえるが、しかし創発的な見方も重視しており、むしろ両者の折衷的な見方をしているといえるだろう (柴田、二〇〇八)。これに基づき彼らは、ミクロの行為とマクロの進化の両方の観点から企業組織の進化について論じたのであり、このダイナミクスから複合性問題を解決しようとしたのである。

四　まとめ

最後に、学説史研究という観点から、これら二つの学説の問題点を検討しよう。

まずザンクト・ガレン学派について、彼らは自己組織論やルーマン社会システム理論に依拠することで企業というシステム自体の「複合性」を明らかにし、環境の複合性に対処するにはむしろシステムの複合性を高め、多様性を保持すべきだとし、それを実現できる管理手法を推奨したのであった。しかし企業システムの複合性をただ闇雲に高めても、それはカオスをもたらすだけであって問題の解決にはならないだろう。またそれは政策提言という意味でも問題をはらんでいる。特にルーマン理論に対して、オートポイエティックなシステムにおいてはすべてが成り行き通りに進み、自己組織的に進んでいくのではないかとの批判がなされているが（Vgl. z. B. Kieser, 1994 ; Martens/Ortmann, 2006）、これは管理不要論を導き出すということを意味しており、この批判が当てはまるとすれば、それはザンクト・ガレン学派の「管理論としての経営経済学」という方向性を矛盾することになるだろう。

一方ミュンヘン学派の議論では、システムの複合性を闇雲に高めるだけでなく、場合によってはそれを削減することで環境複合性に対処するという方法も想定される。たとえば環境の複合性が非常に高まったときには経営者は介入を控え、企業システムの自己組織を頼って複合性を高めることで企業システムの方向性の選択肢を多数保持しておき、不測の事態に備えるが、しかし環境複合性が低く、将来の予測可能性がある程度高い場合には、企業システムの複合性を削減すべく経営者が介入し、比較的詳細な組織編成を行うことが考えられるだろう。

このように見れば、ミュンヘン学派の議論はザンクト・ガレン学派の議論がはらんでいた問題を解決できる可能性があると言えるが、しかしながらそれは、経営者の環境認識が完全であるという完全合理主義的な想定が前提とされるだろう。しかし、そもそも彼らの出発点も、経営者が管理することができないほどの複雑さを持った企業組織をどのように管理するのかという問題だったことから、このような前提を取ることは不可能であり、議論の矛盾をもたらすだろう。

　以上が両学説の問題点であるが、ドイツ経営経済学におけるシステム論的アプローチは現在も発展の途上にあり、今後これらの問題点を克服したアプローチの登場が期待されるところである。

注

（1）'Komplexität (Complexity)' の訳語として、本論文では「複合性」を採用する。この訳語としてはむしろ「複雑性」が定着しているが、長岡（二〇〇六）に倣い、本論文では 'Kompliziertheit (Complication)' を「複雑性」と訳すことで、両語を区別することにする。

参考文献

Kieser, A., Fremdorganisation, Selbstorganisation und evolutionäres Management, in: *Zfbf*, 46. Jg., 1994, S. 199-228.
Kirsch, W., Evolutionäres Management und okzidentaler Rationalismus, in: Probst, G. J. B./Siegwart, H. (Hrsg.), *Integriertes Management. Bausteine des systemorientierten Managements*, Bern/Stuttgart, 1985, S. 331-350.
Kirsch, W., *Kommunikatives Handeln, Autopoiese, Rationalität-Kritische Aneignungen im Hinblick auf eine evolutionären Führungslehre*, 2., überarbeitete und erweiterte Auflage (1. Aufl. 1992), München, 1997.
Knyphausen, D. z., *Unternehmungen als evolutionsfähige Systeme-Überlegungen zu einem evolutionären Konzept für die Organisationstheorie*, München, 1988.
Luhmann, N., *Soziale Systeme-Grundriß einer allgemeinen Theorie*, Frankfurt am Main, 1984.（佐藤　勉監訳『社会システム理論（上）／（下）』恒星社厚生閣、一九九三年／一九九五年。）
Malik, F., Die Managementlehre im Lichte der modernen Evolutionstheorie, in: *Die Unternehmung*, 33. Jg., 1979, S. 303-316.
Malik, F./Probst, G., Evolutionäres Management, in: *Die Unternehmung*, 35. Jg., 1981, S. 121-140.
Martens, W./Ortmann, G., Organisationen in Luhmanns Systemtheorie, in: Kieser, A./Ebers, M. (Hrsg.), *Organisationstheorien*, 6., erweiterte Auflage, Stuttgart, 2006, S. 427-461.
長岡克行『ルーマン／社会の理論の革命』勁草書房、二〇〇六年。

Probst, G. J. B., *Selbst-Organisation, Ordnungsprozesse in sozialen Systemen aus ganzheitlicher Sicht,* Berlin/Hamburg, 1987.

Probst, G. J. B./Scheuss, R.-W., Resultat von Organisieren und Selbstorganisation, in: *Zeitschrift Führung+Organisation,* 53. Jg., Heft 8., 1984, S. 480-488.

Ringlstetter, M., *Auf der Weg zu einem evolutionären Management: Konvergierende Tendenzen in der deutschsprachigen Führungs- bzw. Managementlehre,* München, 1988.

Ringlstetter, M./Knyphausen-Aufseß, D. Z., Evolutionäres Management, in: Corsten, H./Reiß, M. (Hrsg.), *Handbuch Unternehmungsführung, Konzepte-Instrumente-Schnittstellen,* Wiesbaden, 1995, S. 197-205.

Rüegg-Stürm, J., Neuere Systemtheorie und unternehmerischer Wandel, in: *Die Unternehmung,* 52. Jg., Heft 1., 1998, S. 3-17.

Rüegg-Stürm, J., *Organisation und organisationaler Wandel. Eine theoretische Erkundung aus konstruktivistischer Sicht,* 2., durchgesehene Auflage (1., Aufl. 2001), Wiesbaden, 2003.

柴田　明「進化的マネジメント論の再検討――ドイツ語圏経営経済学におけるミュンヘン・アプローチの見解を中心として――」慶應義塾大学商学会『三田商学研究』第五一巻第四号、二〇〇八年、二六七―二八九頁。

丹沢安治「現代ドイツ経営経済学における二つの潮流」経営学史学会編『経営学史事典』文眞堂、二〇〇二年、二二一―二四頁。

Ulrich, H., *Die Unternehmung als produktives soziales System-Grundlagen der allgemeinen Unternehmungslehre,* 2., Aufl. (1., Aufl. 1968), in: *Hans Ulrich Gesammelte Schriften,* Band I, Herausgegeben von der Stiftung zur Förderung der systemorientierten Managementlehre, St. Gallen, Schweiz. Bern/Stuttgart/Wien, 1970=2001.

Ulrich, H., *Management,* Hrsg. von Thomas Dyllick u. Gilbert Probst, Bern/Stuttugart, 1984.

Ulrich, H./Probst, G. J. B., *Anleitung zum ganzheitlichen Denken und Handeln, Ein Brevier für Führungskräfte,* Bern/Stuttgart, 1988.（清水敏允・安西幹夫・榊原研互訳『全体的思考と行為の方法』文眞堂、一九九七年［一九九一年、原著第三版の訳］。）

渡辺敏雄『管理論の基本的構造――論点・観点・体系――［改訂版］』税務経理協会、二〇〇〇年。

十三　フランス中小企業研究の潮流

――管理学的中小企業研究の発展――

山口隆之

一　はじめに

周知のように、わが国の中小企業研究は質・量の両側面において非常に充実した蓄積をなしており、これは世界的にみても稀な程である。むろん、その発展史は、諸外国の研究成果の影響を抜きにしては語れないが、多くの社会科学の領域において先進諸国における研究成果の貪欲な摂取や応用がなされてきたという環境下で、なおも、わが国の中小企業研究が独自の発展を遂げたという事実は注目に値する。そもそも中小企業という研究対象が、「異質多元的」、あるいは「人間サイズの企業」と評せられるように、業種・業態・成長段階等はもとより歴史に規定された文化や社会的諸制度によって複雑多岐な様相を呈するものである、という事実に目を向けるならば、われわれは、そこに他国の中小企業を分析対象として取り上げる理由を見出すことができる。

フランスは、現在でもドイツとともにEUを牽引する存在であるとともに、先進諸国では例外といっていいほど各産業分野において中小企業が遍在し、特に小規模企業比率が高いことを特徴とする国であるが、わが国におけるフランスのイメージは、芸術・文化・美食の国といったイメージが先行し、ましてやフランス中小企業への関心は、これまでのところ決して高かったとはいえない。その背景には、中小企業政策や企業経営におけるアングロサクソン系先進諸国、特にわが国の戦後におけるアメリカの影響の強さや、言語上の問題、あるいは、周辺情報の不足といった要因があるが、実は、フランスの歴史的事情によって、フランスの研究者でさえ、中小企業に目を向ける機会が少なかったという事実によるところも大きい。

以上を踏まえて、本稿では、これまで考察の対象となる機会が極めて希であったフランス中小企業研究に目を向け、その特徴を明らかにしたい。まず、フランス経済の発展の中で中小企業がいかなる地位を与えられてきたのかを確認したのち、後半においては、管理学を中心として発展したフランス中小企業研究の今後の展望を示しているトレス（Torrès, O.）の論考を分析・検討し、最後に、全体の総括とわが国中小企業研究へのインプリケーションを示す。

二　フランス経済の発展と中小企業

フランスにおける中小企業の社会的地位を理解する上で、一七八九年のフランス革命の影響は無視できない。革命によって、工業面においては、いわゆる初期独占、すなわち、ギルド制、絶対王政の保護の下で育成された特権的マニュファクチャー、特権的貿易会社、および生産や流通における産業規制が否定され、独占の再生防止やギルド制の解体が計られた。ここに自由主義と個人主義に基づく自由競争体制が法的に保障され、小生産者的発展の道が開かれた。

その後、一九世紀に入ると産業革命の時期を迎えた。しかし、他国に比べ工業化の進展は緩慢であり、特にイギリスとは異なる成長経路を辿った。このように、フランス革命によって保障された自由主義と個人主義に基づく小生産者的発展という道は、産業革命の進展の中でなお強く維持された。その後、フランスは、ベル・エポック（一八九四〜一九一四年）と呼ばれる時期を迎え近代工業の成長をみるが、それでもなお、イギリスやアメリカ、あるいはドイツに比べれば、各産業の集中度は低く、産業構造の主体は小企業であった。

しかしながら、他方で、小生産者的発展のもとにおける一層の工業発展の必要性と世界大恐慌の影響は、国家による経済活動への大規模介入という反動となって現れ、特に第二次世界大戦後の大規模な企業国有化政策、および、数次にわたる経済計画を通じた大企業主体の産業の集中・再編運動によって、中央集権的な国家・経済体制は確固たるものとなった。

経済計画は第二次大戦後数次にわたって展開された。第一次経済計画（一九四七〜五三年）では、石炭、電力、鉄鋼、セメント、運輸、農業機械、窒素肥料の八つが重要分野として指定され、一九四八〜五三年にかけて三六億ドル以上のマーシャルプランによる資金が優先的に公的セクターへ投入された。

また、第五次経済計画（一九六六〜七〇年）では、ＥＥＣの成立を背景とした域内貿易の拡大、外資による対仏進出の動き、あるいはＮＡＴＯ脱退に伴う国防の必要性などに対処するため、政府は、主要な産業部門においては一〜二グループに集約するという計画の下に、徹底した傾斜的資金配分をおこなった。特に国防、核兵器開発、軍用機・宇宙開発、情報、エレクトロニクスといった分野では国家主導で大規模プロジェクトを推進し、関連企業を集中的に支援した。こうした大型国家プロジェクトは、その後も順次打ち出され、国有企業もしくは公的資金で運営される大企業に徹底した政策的配慮がなされた。

一九七〇年代の石油危機以降は、中小企業の柔軟性や雇用維持力を政策面で評価する動きが見え始めたが、長らく大企業に対しての産業政策が支配的であったこと、独占資本主義と表裏の関係にある中小企業問題の発生時期が遅れたこと、個人主義が重んじられる社会の中で、特に小規模企業や手工業者層に、一定の社会的評価が与えられ、したがって、こうした階層を大企業と対置し、そこにおける問題性を取り上げるという一般的認識の浸透が遅れたことなどが中小企業関連統計の未整備、中小企業研究の遅れ、といったその後の状況と結びついた。より最近ではＥＵ中小企業政策、グローバル化の進展といった外部要因により法制面や支援環境の整備が急ピッチで進められているとはいえ、中小企業研究の深さと広がりが、中小企業への期待の高まりに十全に応えているとは言い難い状況にある。(1)

三 フランス中小企業研究の動向と特徴

フランス中小企業研究の歴史は、わが国やアングロサクソン諸国のそれと比べて歴史が浅く、今日でさえ、入手できる資料・文献は限定的である。こうした中、中小企業支援を目的とする政府系機関ＯＳＥＯが中心となって二〇〇七年に発行した『フランスにおける中小企業の学術研究（*La recherche académique française en PME*）』は、現時点のフランスにおける中小企業研究の状況を鳥瞰図的に捉えるにあたり、重要な情報を提供してくれる貴重な資料である。当該報告書の主な分析対象は、①中小企業関連の博士論文の動向、②学術誌、③学会の動向であるが、ここから、フランス中小企業研究が未だ十全な広がりをみせていないこと、フランス語への固執から研究の開放性という側面で問題を抱えていること、管理学を中心として研究が進められていることなどがみてとれる。

中小企業関連の博士論文数は、総数としては決して多くはないものの、一九九六～二〇〇〇年の間に一九七五～一九八〇年の約三倍に増加しており、中小企業分野への関心は高まっていることがみてとれる。しかし、一九七五～二〇〇五年にかけて受理された中小企業関連の博士論文の主査は、その一〇％以上が三名の教授に集中している。このように、指導教官の絶対数が不足しているだけでなく、上位の指導教官は退官予定の者が多く、若手研究者の再生産が滞っている状況が確認される。

次に博士論文の分析対象国として上位に上がるのは、フランスと特別な歴史的関係をもつフランス語圏が圧倒的多数であり、半面、中小企業の役割が広く認識されている日本やアメリカ、あるいは欧州内の隣国で中小企業の役割が評価されているドイツ、イタリア、イギリス、スペインを対象とする研究も皆無に等しい。一般にフランスは、母語に強い愛着を持つ国とされるが、この状況が研究の閉鎖性を生み、広範な研究者間の交流や他国の研究成果の導入を妨げていることが確認される。学会について、ヨーロッパには、European Council for Small Business and Entrepreneurship（ECSB）が存在するが、フランスの中小企業研究者の活動の中心は、フランス語圏の研究者を中心とするAssociation internationale de recherche en entrepreneuriat et PME（AIREPME）である。

次に、学問分野別に中小企業関連の博士論文を分析すると、一九七五～二〇〇五年の中小企業関連博士論文の約六割が管理学（science de gestion）に分類される。また、博士論文主査の上位一〇名が、管理学を専門とする教授である事、および一九九五～二〇〇四年に発表された中小企業をテーマとする一般論文の約八五％が「フランス管理学レビュー（*Revue françcaise de gestion*）」に掲載されたものであるという事実からも、フランス中小企業研究が管理学を主流としていることを確認できる。(2)

四　管理学的中小企業研究の発展

1　二つのアプローチの対立

現時点で、管理学を中心として発展したフランス中小企業研究の足跡を確認するための資料は、非常に限定的である。しかし、その中でも、フランスを中心として発展した管理学における中小企業研究の発展を一社会科学の発展史と捉えているトレスの業績は、最も有力な手掛かりといえる。

トレスによれば、中小企業研究の管理学的研究の萌芽は、一九六〇〜七〇年代にかけてなされた企業規模効果を巡る研究と企業成長モデルの研究の内に見出され、一九七〇年代半ばは、中小企業の管理学的研究がその基盤を形成し始めた時期であった。この時期の中小企業の管理学的研究には、中小企業の特殊性を前提とするアプローチと、中小企業の多様性を前提とするアプローチ、という二つの対照的なアプローチが存在した。

前者は、いわば典型的な中小企業モデルを描き出した上で、そのもとに研究成果の蓄積を行うという方向である。中小企業を大企業と区別し、独立した研究対象として扱うべきとの指摘は、既に一九六〇年代以前のペンローズ（Penrose, E. T.）や、その後のハーツ（Hertz, L.）、ジュリアンとマルシェネ（Julien, P. A. et Marchesnay, M.）の業績にみられる。[3] ここでは、中小企業という領域に共通する特徴を発見し、いわば共通変数をもって中小企業を描き出すことが必要とされた。中小企業を、大企業にはみられない管理上の特徴をもつ研究対象としてみなし、中小企業の特殊性を包括的に説明することが可能な新しい理論、あるいは分析枠組の究明が試みられたのが、この時期であった。大企業の研究と中小企業の研究を区別しようとするこの動きは、「中小企業の認知から中小企業の認識（reconnaissane à la connaisance des PME）」[4]への変化として形容することができる。

しかしながら、一般化、抽象化を基調として、中小企業の特殊性を明らかにし、そのもとに研究を重ねんとする研究には、中小企業世界の多様性という一方で見逃せない重要な事実を捨象してしまうという危険性が存在した。たとえば、レオ（Leo, P. Y.）やカンド（Candeau, P.）[5]は、中小企業にみられる多様性という事実こそが重要であるとみなし、それをもって、大企業研究と中小企業研究を区別せんとした。これらは、中小企業一般に適用可能な絶対的、あるいは普遍的な法則を究明するよりも、実証研究によって明らかとなる多様性を、条件適合的な観点から整理し説明することの有効性を指摘した業績である。トレスは、この研究の流れを、中小企業の多様性を前提とするアプローチと名づけている。

以上のように、基礎確立期の中小企業の管理学的研究を分析した上で、トレスはそこに、研究発展におけるジレンマを見出している。すなわち、中小企業の管理学的研究が、一社会科学としての地位を確立するためには、大企業と比較した場合の中小企業の管理現象における特殊性を、一般化、抽象化のラインに沿って集約し、そのもとに知識の蓄積を進める必要があったが、この過程は、現実において観察される多様性という中小企業にみられる今一つの重大な特徴を捨象することを意味していた。他方で、多様性を中小企業の特徴として重視する場合には、一般理論の構築と知識の蓄積という側面で限界に直面せざるを得ない。この状況を他言すれば、元来、同じ経験事象から出発するものであるにも関わらず、特殊性を重視することによって描きだされる「研究対象としての中小企業」と、多様性を重視することによって描き出される「研究領域としての中小企業」が、相容れない状況にあったといえる。[6]

2　「統合」アプローチ

以上の基礎確立期を経て、一九八〇年代半ば以降になると、トレスがいう「統合（synthèse）」アプローチによる研究が進められた。これは、換言すれば、中小企業の特殊性と多様性を結び付ける研究の方向である。たとえば、ジュリアン（Julien, P. A.）は、従来の研究が拠り所としてきた中小企業の特殊性を、企業規模、産業分野、市場の範囲、管理および組織構造、戦略、技術といった指標をもって細分化し、これら指標の内容に応じて、中小企業としての特徴を備える企業であるか、そうでないかを判断する必要があることを示した。[7]

また、カンド（Candau, P.）は、企業者の役割の大きさに焦点をあてることで、中小企業の特殊性と多様性を同時に考慮可能であるとした。[8] すなわち、中小企業研究は、企業者の人間性や動機、およびその家族の考慮無くしては不可能であるという視点に立脚した上で、こうした人間性の介入が、大企業に対する中小企業の管理上の特徴を生み、かつ、管理構造や経営の多様性を生んでいると考えた。いわば、中小企業の特殊性を構成する事実の中に多様性の根拠が存在するという主張である。トレスによれば、こうした業績は、それまで平行的に発展してきた中小企業の特殊性を前提とするアプローチと多様性を前提とするアプローチの接合役としての役割を果たした。そして、その結果として、中小企業の管理学的研究は、研究対象とすべき典型的な中小企業（profil-type de LA PME）を描き出すという要請から解放され、代わって、よりヒューリスティックな分析枠組やモデルが求められるようになった。

トレスによれば、「統合」アプローチの作用によって、中小企業という管理学上の研究対象は、概念（concept）というよりは、むしろ、具体的な輪郭を有しない、より一層、概念的（conceptacle）なものとなった。これは、すなわち、マルチネ（Martinet, A. C.）がいうところのフォルム（forme）の形成である。[9] マルチネによれば、概念が境界設定、類型化、切り離し、を構成原理とし、明確なる外枠をもつのに対して、フォルムは集中、素描、寄せ集めを構成原理とする、いわば曖昧な輪郭のようなものである。トレスによれば、中小企業という研究対象がフォルム化することによって、研究者は中小企業という研究対象の特定化そのものに目を向けるというよりはむしろ、ヒューリスティックな研究に目を向けるようになった。[10]

3　「変性」アプローチ

研究対象の明確化という要請から開放された中小企業研究は、論理的かつ経験的に反証可能な仮説を設定する研究と結び付き、研究成果の蓄積を促進した。そして、中小企業フォルムは、研究者間で広く共有されるようになりパラダイム化していった。パラダイムの成立は、中小企業の管理学的研究が一社会科学としての地位を確立した証左であり、それは、研究者間の意思疎通、知識の蓄積を容易にした。しかしながら、パラダイム主導で進められる研究は、学者集団による、パラダイムの無批判な受け入れ、すなわち、その中心核への不可侵によってはじめて維持されるものであるがために、客観的な分析から乖離していくという危険性を備えていた。

たとえば、管理者の役割に着目する中小企業研究者にとって、中小企業では経営者の影響力が大きい、という立言は、いわばパラダイムの中心核にあたる。そして、実証研究を通じて、中小企業では経営者の役割が大きい、という仮説を立証する。このケースの問題は、中心核の立言が研究者にとっての暗黙的規範として機能しており、無批判に受け入れられていることである。すなわち、研究対象としての中小企業の認識方法そのものには何らの疑問の目が向けられていない。

トレスによれば、こうしたパラダイムの逆機能ともいうべき状況に対処するには、これまで無批判に受け入れられてきた中小企業フォルムには納まらない新しい現象、換言すれば、典型外、否定的、極端、矛盾的といったケースに着目し、それらがいかなる条件のもとで発生するのかを分析し、必要に応じて、中心核の有効範囲を更新、限定していくというアプローチが必要である。トレスは、これを「変性（dénaturation）」と名付け、今後の中小企業の管理学的研究の発展に必要不可欠な方向として位置付ける。[11]

五 おわりに

既にみたように、フランスでは中小企業が政策的に注目される時期が遅く、その研究が十全の広がりと深さを見せているとは言い難い。しかしながら、こうした後発性がむしろ、中小企業を一経済単位としてみる、管理学的視点からの研究と結びついていることは興味深い。この点、わが国では中小企業の研究蓄積が、社会問題としての二重構造論に代表されるような国民経済や産業構造上の問題、あるいは広く政策上の課題に呼応する形でなされてきた、つまり、長らく中小企業研究は中小企業問題性論として発展してきた、という経緯とは対象的である。わが国では戦後の経済成長とともに、その後ベンチャー・ビジネス論や中堅企業論など中小企業を積極的に評価する研究もみられるようになり、中小企業を個別企業体としてみる、いわゆる中小企業経営研究も近年では数多く見られるようになってきたが、その多くは、事例の列挙に終始してしまっていることも多い。

本来、中小企業という研究対象が異質多元性、あるいは多様性を本質とし、したがって、その研究は、過度に分散的でアドホックなものになる危険性を備えているとすれば、トレスの論考にみられた中小企業研究におけるジレンマという本質的な課題をいかに克服するかという方法論的な議論の必要性は高まっているといえる。また、かかる方法論的な議論は、既存の研究者が自身の立場とアイデンティティーを明確にすることにも役立つはずである。管理学として発展したフランス中小企業研究は、わが国中小企業研究において見過ごされがちであった研究視点の重要性を顕在化させるのである。(12)

注

(1) 山口隆之『中小企業の理論と政策—フランスにみる潮流と課題—』森山書店、二〇〇九年、一四—一八頁。なお、フランスの経済発展の歴史については、以下も参照されたい。遠藤輝明編『国家と経済フランス・ディリジスムの研究』東京大学出版会、一九八二年、原　輝史『フランス資本主義　成立と展開』日本経済評論社、一九八六年、藤本光夫『転換期のフランス企業』同文舘出版、一九七九年。

（2）OSEO, *La recherche académique française en PME: les theses, les revues, les réseaux* (*Regards sur les PME n°14*), Graphoprint, 2007, pp. 22-63. 山口、前掲書、六三―七七頁。

（3）Penrose, E. T., *The Theory of the Growth of the Firm*, Blackwell Publishing, 1959.（末松玄六訳『会社成長の理論（第2版）』ダイヤモンド社、一九八〇年。）Hertz, L., *In Search of a Small Business Definition; An Exploration of the Small-Business Definitions of US, The UK, Israel and the People's Repblic of China*, University Press of America, 1982. Julien, P. A. et Marchesnay, M., *La Petite entreprise: principes d'economie et de gestion*, Editions Vuibert, 1988.

（4）Marchesnay, M. et Guilhon, B., "Préstation du nouveau développement en économie industrielle," *Revue d'Économie Industrielle*, n°67, 1er trimester, 1994, p. 17.

（5）Leo, P. Y., "Les milieu régionaux de PMI: une approche statistique et régionalisée des choix stratégique des PMI à partir de l'EAE, Revue d'Économie Résionale et Urbaine, n°3, 1987, pp. 423-437. Candau, P., "Pour une taxonomie de l'hypofirm," *Revue d'Économie Industrielle*, n°16, 2etrimestre, 1981, pp. 16-33.

（6）山口、前掲書、二三―四四頁。Torrès, O., "Vingt-cinq ans de recherche en PME: une discipline entre courants et contre-courants," dans Torrès, O. (sous la direction de), *PME-de nouvelles approches*, *Economica*, 1998, pp. 20-37.

（7）Julien, P. A., "Pour une définition de PME," dans Julien, P. A. (sous la direction de), *Les PME: bilan et perspectives*, *Economica*, 1994, pp.35-38.

（8）Candau, P., *op. cit.*, pp. 16-33.

（9）Martinet, A. C., "Pour une théorie des formes stratéique: réflexions epistémologiques naïves," *Cahier Lyonnais de recherche en gestion*, n°9, 1987, pp. 212-226. Martinet, A. C., "Epistémologie de la stratégy," dans Martinet, A. C. (coordonné par), "Epistémologies et science de gestion," *Economica*, 1990, pp. 227-229. なお、トレスは、こうした中小企業概念の外枠の曖昧化を説明するために、gestalt、configulation、といった用語をあわせて用いている。このように、フォルム化とは、脳による全体像やイメージの直感的把握を特徴とするゲシュタルト心理学的認知パターンを前提としたものと考えられる。トレスは、科学哲学者チャルマーズ（Chalmers, A. F.）の見解に従って、パラダイムを厳密な研究対象の定義付けという状況とは相容れないものとして理解し、その後のパラダイム主導的な中小企業研究の発展を説明している。詳細については、以下を参照されたい。Chalmers, A. F., *What is This Thing called Science?: An Assessment of the Nature and Status of Science and Its Methods*, 2nd ed., 1982/1994, University of Queensland Press.（高田紀代志・佐野正博訳『科学論の展開―科学と呼ばれているのは何なのか？―新版』恒星社厚生閣、一九八五年。）Torrès, O. and Julien, P. A., "Specificity and Denaturing of Small Business," *International Small Business Journal*, Vol. 23(4), 2005, p. 357.

(10) 山口、前掲書、四七―五三頁。Torrès, *op. cit.*, pp. 37-41.
(11) 山口、前掲書、四七―五八頁。Torrès, *op. cit.*, pp. 41-53.
(12) トレスの分析の詳細については、以下を参照されたい。山口、前掲書、一二三―六一頁。

Ⅳ 文献

ここに掲載の文献一覧は、第Ⅱ部の統一論題論文執筆者が各自のテーマの基本文献としてリストアップしたものを、年報編集委員会の責任において集約したものである。

一　経営理論における組織概念の生成と展開

外国語文献

1 Barnard, C. I., *The Functions of the Executive*, Harvard University Press, 1938.（山本安次郎・田杉　競・飯野春樹訳『経営者の役割』ダイヤモンド社、一九六八年。）

2 Chandler, A. D., *Strategy and Structure*, The MIT Press, 1962.（有賀祐子訳『組織は戦略に従う』ダイヤモンド社、二〇〇四年。）

3 Chandler, A. D., *The Visible Hand*, Cambridge Mass, 1977.（鳥羽欣一郎・小林袈裟治訳『経営者の時代』東洋経済新報社、一九七九年。）

4 Chandler, A. D., *Scale and Scope*, Cambridge Mass, 1990.（安部悦生・他訳『スケール アンド スコープ』有斐閣、一九九三年。）

5 Cyert, R. M. and J. G. March, *A Behavioral Theory of the Firm*, Prentice-Hall, 1963.（松田武彦・井上常男訳『企業の行動理論』ダイヤモンド社、一九六七年。）

6 Fayol, H., *Administration Industrielle et Générale*, 1925.（佐々木恒男訳『産業ならびに一般の管理』未來社、一九七二年。）

7 Gutenberg, E., *Grundlagen der Betriebswirtschaftslehre*, Erster Band, Die Produktion, Springer-Verlag, Berlin u. -Heidelberg 1951.（溝口一雄・高田　馨訳『経営経済学原理』第一巻 生産論、千倉書房、一九五七年。）

8 Gutenberg, E., *Unternehmensführung: Organization und Entscheidungen*, Wiesbaden, 1962.（小川　洌・二神恭一訳『企業の組織と意思決定』ダイヤモンド社、一九六四年。）

9 Heinen, E., *Einführung in die Betriebswirtschaftslehre*, Wiesbaden 1968.（溝口一雄監訳『経営経済学入門』千倉書房、一九七三年。）

10 Heinen, E., *Industriebetriebslere,* Wiesbaden, 1978.
11 Koontz, H., and C. O'Donnel, *Principles of Management* (Second ed.), McGrow-Hill, 1959.（大坪　檀訳『経営管理の原則　第1巻―第四巻』ダイヤモンド社、一九七〇年。）
12 Nicklisch, H., *Der Weg aufwärts! Organisation,* Suttgart 1922.（鈴木辰治訳『組織、向上への道』未來社、一九七五年。）
13 Taylor, F. W., *The Principles of Scientific Management,* New York, 1911.（上野陽一訳『科学的管理法（新版）』産業能率大学、一九八三年。）
14 Williamson, O. E. ed., *Organization: Chester Barnard to the Present and Beyond,* Oxford University Press, 1990.（飯野春樹監訳『現代組織論とバーナード』文眞堂、一九九七年。）

日本語文献

1 安藤史江『組織学習と組織内地図』白桃書房、二〇〇一年。
2 庭本佳和『バーナード経営学の展開』文眞堂、二〇〇六年。
3 沼上・軽部・加藤・田中・島本『組織の〈重さ〉』日本経済新聞出版社、二〇〇七年。
4 藤井一弘「関係としての企業」『経営情報研究』（摂南大学）、第一六巻第二号、二〇〇九年。
5 山本安次郎・加藤勝康編『経営発展論』文眞堂、一九九六年。

二　ドイツ経営組織論の潮流と二つの組織概念

外国語文献

1 Albach, H., "Kosten, Transaktionen und externe Effekte im betrieblichen Rechnungswesen," *ZfB,* 58. Jg., H.11, 1988.

2 Coase, R., "Nature of the Firm," in: *THE FIRM, THE MARKET, AND THE LAW,* University of Chicago Press, 1934.（宮沢健一・後藤　晃・藤垣芳文訳『企業・市場・法』、第二章「企業の本質」、東洋経済新報社、一九九二年。）
3 Dietl, H., *Institutionen und Zeit,* Tübingen 1993.
4 Emminghaus, A., *Allgemeine Gewerkslehre,* Berlin 1868.
5 Frese, E., *Grundlagen der Organisation,* Wiesbaden 1991.
6 Fulton, G., "Research Programmes in economics," *History of Political Economy,* 16-2, Duke University Press, 1984.
7 Hax, H., "Theorie der Unternehmung- Information, Anreize und Vertragsgestaltung," in: Ordeheide, D., Rudolph, B. und Büsselmann, E. Hrsg. *Betriebswirtschaftslehre und Ökonomische Theorie,* Stuttgart 1990.
8 Hennig, W. K., *Einführung in die betriebswirtschaftliche Organisationslehre,* J. Springer, 1934.
9 Kaas, K. P., "Marketing und Neue Institutionen Ökonomik." In: Kontrakte, Geschäftsbeziehungen, Netzwerke — 10 Marketing und Neue Institutionen Ökonomik. *ZfbF,* Sonderheft 35, 1995.
10 Kieser, A., "Fremdorganisation, Selbstorganisation und evolutionäres Management," in *ZfbF,* 46, 3, 1994.
11 Kieser, A., "Geschichte der Organisationslehre," *WiSt,* Heft 7, Juli, 1998, SS. 334-340.
12 Kirsch, W., *Kommunikativen Handeln, Autopoiese, Rationalität, Sondierungen zu einer evolutionären Führungslehre,* München 1992.
13 Knyphausen, D. zu, "Selbstorganisation und Führung," in: *Die Unternehung,* 45. Jg., 1991.
14 Lakatos, I., "Falsification and the Methodology of Scientific Research Programmes," in: Lakatos, I. and A. Musgrave ed., *Criticism and the Growth of Knowledge,* Cambridge University Press, 1970.
15 Le Coutre, W., *Betriebsorganisation,* Berlin 1930.
16 Malik, F. und Probst, G., "Evolutionäres Management," in: *Die Unternehmung,* 35 Jg., 1981.

17 Nordsieck, F., *Die Schaubildliche Erfassung und Untersuchung der Betribsorganisation,* Stuttgart 1932.

18 Nordsieck, F., *Grundlagen der Organisationslehre,* Stuttgart 1934.

19 Picot, A., "Ökonomische Theorien der Organisation-Ein Überblick über neuere Ansätze und deren betriebswirtschaftliches Anwendungspotential," in : Ordeheide, D., Rudolph, B. und Büsselmann, E. Hrsg. *Betriebswirtschaftslehre und Ökonomische Theorie,* Stuttgart 1990.

20 Picot, A., T. Ripperger and B. Wolff, "The Fading Boundaries of the Firm : The Role of Information and Communication Technology," in : *JITE,* vol. 152, 1996.

21 Picot, A., Evolution von Institutionen und Management des Wandels, in: 63. Jahrestagung des Verbandes der Hochschullehrer für Betriebswirtschaft e.V., *Unternehmensentwicklung in Wettbewerb,* Wiesbaden 2001.

22 Popper, K. R., *Logik der Forschung,* 4. verbesserte. Auflage, J. C. B. Mohr Tübingen, 1971 (1934).（森　博・大内義一訳『科学的発見の論理（上）（下）』恒星社厚生閣、一九七一年。）

23 Riester, W., *Organisation in Wirtschaftsbetrieben,* Diss. TH Berlin, 1934.

24 Seidel, K., *Betriebsorganisation,* Berlin/Wien 1932.

25 Tanzawa, Y., "Chancen des neuen japanischen Managements—Die Evolution des Outsourcings in Japan—," *Konzernmanagement,* Albach, H. Hrsg. Wiesbaden 2001.

26 Williamson, O., *Market and Hiearachise,* Macmillan, 1975.（浅沼萬里・岩崎　晃訳『市場と企業組織』日本評論社、一九八〇年。）

27 Williamson, O., *The Economic Institutions of Capitalism : Firms, Markets, Relational Contracting,* Free Pr. 1985.

日本語文献

1 小島三郎『ドイツ経験主義経営経済学の研究』商学研究叢書、慶応義塾大学商学会編、慶応義塾大学商学会、一九六五年。
2 小島三郎『戦後西ドイツ経営経済学の展開』慶応通信、一九六八年。
3 丹沢安治「行動理論的経営経済学の理論構造」、『専修経営学論集』、第四七号、一九八九年。
4 丹沢安治「取引費用理論の理論構造」、『専修大学経営研究所報』、第八六号、一九八九年。
5 丹沢安治「組織論における新たな研究プログラム――ポピュレーション・エコロジーの学説史的分析――」、『専修大学経営研究所　専修経営研究年報』第一九集、一九九五年。
6 丹沢安治「自己組織化現象と新制度派経済学の組織論」、経営学史学会編『経営学研究のフロンティア』第三部一三章、文眞堂、一九九八年。
7 丹沢安治「進化する組織形態：アウトソーシングにおける自生とデザイン」、『専修経営学論集』六六号、二〇〇〇年。
8 丹沢安治『新制度派経済学による組織研究の基礎』白桃書房、二〇〇〇年。
9 丹沢安治「現代ドイツ経営経済学における二つの潮流」、経営学史学会編『経営学史事典』文眞堂、二〇〇二年。

三　ヴェーバー官僚制論再考――ポスト官僚制組織概念と組織人の自由――

外国語文献

1 Albrow, M., *Bureaucracy*, Pall Mall Press London, 1970.（君村　昌訳『官僚制』福村出版、一九七四年。）
2 Chandler, A. D. Jr., *The Visible Hand: The Managerial Revolution in American Business*, The Belknap Press of Harvard University Press, 1977.（鳥羽欽一郎・小林袈裟治訳『経営者の時代（上・下）』東洋経済新報社、一九七九年。）
3 Merton, R. K., *Reader in Bureaucracy*, The Free Press, 1952.
4 Mommsen, W. J., *The Age of Bureaucracy*, Oxford Basil Blackwell, 1974.（得永新太郎訳『官僚制の時代』未来社、一九八四年。）

5 Peukert, D. J. K., *Max Webers Diagnose der Moderne,* Vandenhoeck & Ruprecht GmbH & Co. KG, 1989.（雀部幸隆・小野清美訳『ウェーバー　近代への診断』名古屋大学出版会、一九九四年。）

日本語文献

1 佐藤慶幸『官僚制の社会学（新版）』文眞堂、一九九一年。
2 富永健一『経済と組織の社会学理論』東京大学出版会、一九九七年。
3 橋本　努・橋本直人・矢野善郎編著『マックス・ヴェーバーの新世紀』未来社、二〇〇〇年。
4 三戸　公『科学的管理の未来――マルクス、ウェーバーを越えて――』未来社、二〇〇〇年。
5 山之内　靖『マックス・ヴェーバー入門』岩波新書、一九九七年。

四　組織の概念――アメリカにおける学史的変遷――

外国語文献

1 Barnard, C. I., *The functions of the Executive,* Harvard University Press, 1938.
2 Barnard, C. I., *Organization and Management,* Harvard University Press, 1948.
3 Burrell, G. and Morgan, G., *Sociological Paradigms and Organizational Analisis,* Gower Publishing, 1979.（鎌田伸一・金井一頼・野中郁次郎訳『組織理論のパラダイム』千倉書房、一九八六年。）
4 Drucker, P. F., *Post-Capitalist Society,* Butterworth-Heinemann Ltd., 1993.
5 Drucker, P. F., (Harvard Business Review ed.), *P. F. Drucker on Management,* Harvard Business School Press, 2006.（DIAMOND　ハーバード・ビジネス・レビュー編集部・編訳『P・F・ドラッカー経営論』ダイヤモンド社、二〇〇六年。）
6 Katz, D. and R. L. Kahn, *Social Psychology of Organizations,* John Wiley & Sons, Inc., 1966.

7 Koonts, H. and C. I. O'Donnell, *Management: a systems and contingency analysis of managerial functions,* McGraw-Hill, Inc., 1955.
8 Lawrence, P. R. and J. W. Lorsch, *Organization and Environment,* Irwin Inc., 1968.
9 Likert, R., *New Patterns of Management,* McGraw-Hill, Inc., 1961.
10 Likert, R., *The Human Organization: Its Management and Value,* McGraw-Hill, 1967.
11 March, J. G. and H. A. Simon, *Organizations,* John Wiley & Sons, Inc., 1966.
12 Roethlesberger, F. J. and W. J. Dickson, *Management and The Worker,* Harvard University Press, 1939.
13 Scott, W. R., *Institutions and Organizations,* Sage Publications, 1995.
14 Silverman, D., *The Theory of Organizations,* London: Heineman Educational Books, 1970.
15 Simon, H. A., *The Administrative Behavior,* 2nd edition, The Macmillan Company, 1957.（松田武彦・高柳暁・二村敏子訳『経営行動（第二版）』ダイヤモンド社、一九六五年。）
16 Simon, H. A., *The Administrative Behavior,* 3rd edition, The Free Press, 1976.（松田武彦・高柳　暁・二村敏子訳『経営行動（第三版）』ダイヤモンド社、一九八九年。）
17 Taylor, F. W., *The Principles of Scientific Management,* New York: Harper & Brothers, 1911.（上野陽一訳『科学的管理法（新版）』産業能率大学、一九八三年。）
18 Thompson, J. D., *Organization in Action,* McGraw-Hill, 1967.
19 Thompson, J. D. et al., *Comparative Studies in Administration,* University of Pittsburgh Press, 1959.
20 Woodward, J., *Management and Technology,* Garland Publishing, Inc., 1958.
21 Weber, M., "Über einige Kategorien der Verstehenden Soziologie," (1913) in: Weber, M., *Gesammelte Aufsätze zur Wissenschaftslehre,* Tübingen 1922.（林　道義訳『理解社会学のカテゴリー』岩波文庫、一九六八年。）
22 Weber, M., "Soziologische Grundbegriffe," (1921) in: Weber, M., *Gesammelte Aufsätze zur Wissenschaftslehre,* Tübingen 1922.（清水幾太郎訳『社会学の根本概念』岩波文庫、一九七二年。）

五　実証的戦略研究の組織観——日本企業の実証研究を中心として——

外国語文献

1 Bavelas, A., "Communication Patterns in Task-Oriented Groups," in Cartwright, Dorwin, and Alvin Zander, (eds.), *Group Dynamics: Research and Theory,* 3rd. Ed., New York: Harper & Row, 1968, pp. 503-511.

2 Burns, T. and G. M. Stalker, *The Management of Innovation,* London: Tavistock, 1961.

3 Chandler, A. D., *Strategy and Structure: Chapters in the History of the American Industrial Enterprise,* Cambridge, MA: The MIT Press, 1962.

4 DiMaggio, P. and W. W. Powell, "The Iron Cage Revisited: Institutional Isomorphism and Collective Rationality in Organizational Fields," *American Sociological Review,* Vol. 48, No. 2, 1983, pp. 147-160.

5 Donaldson, L., *The Contingency Theory of Organizations,* Thousand Oaks: Sage, 2001.

6 Downey, H. K., D. Hellriegel, and J. W. Slocum, Jr., "Environmental Uncertainty: The Construct and Its Application," *Administrative Science Quarterly,* Vol. 20, No. 4, 1979, pp. 613-629.

7 Duncan, R. B., "Charcteristics of Organizational Environments and Perceived Environmental Uncertainty, *Administrative Science Quarterly,* Vol. 17, No. 3, 1972, pp. 313-327.

8 Galbraith, J. R., *Designing Complex Organizations,* Reading, MA: Addison-Wesley, 1973.

9 Galbraith, J. R., *Organization Design, Reading,* MA: Addison-Wesley, 1977.

10 Giddens, A., *The Constitution of Society: Outline of the Theory of Structuration,* Cambridge: Polity, 1984.

11 Hannan, M. T., and J. Freeman, "Structural Inertia and Organizational Change," *American Sociological Review,* Vol. 49, April 1984, pp. 149-164.

12 Hannan, M. T., and J. Freeman, "The Population Ecology of Organizaitons," *The American Journal of Sociology,* Vol. 82, No. 5, 1977, pp. 929-964.

13 Hofer, C. W., and D. Schendel, *Strategy Formulation: Analytical Concepts,* St. Paul, MN: West, 1978. (奥村昭博・榊原清則・野中郁次郎訳『戦略策定』千倉書房、一九八〇年。)

14 Imai, K., I. Nonaka, H. Takeuchi, "Managing the New Product Development Process: How Japanese Companies Learn and Unlearn," in Clark, K. B., and R. H. Hayes, and C. Lorenz,(eds.), *The Uneasy Alliance: Managing the Productivity-Technology Dilemma,* Boston, MA: Harvard Business School Press, 1985.

15 Jantsch, E., The Self-Organizing Universe: *Scientific and Human Implications of the Emerging Paradigm of Evolution,* Oxford: Pergamon Press, 1980.

16 Lawrence, P. R., and J. W. Lorsch, *Organization and Environment: Managing Differentiation and Integration,* Boston: Division of Research, Graduate School of Business Administration, Harvard University, 1967. (吉田　博訳『組織の条件適応理論』産業能率短期大学出版部、一九七七年。)

17 March, J. G., and H. A. Simon, *Organizations,* New York: John Wiley & Sons, 1958.

18 Meyer, J. W., and B. Rowan, "Institutionalized Organizations: Formal Structure as Myth and Ceremony," *The American Journal of Sociology,* Vol. 83, No. 2, pp. 340-363.

19 Miles, R. E., and C. C. Snow, *Organizational Strategy, Structure, and Process,* New York: McGraw-Hill, 1978.

20 Miller, D., "Toward a New Contingency Approach: The Search for Gestalts in Organizations," *Journal of Management Studies,* Vol. 18, Issue 1, pp. 1-26.

21 Mintzberg, H., "Strategy-Making in Three Modes," *California Management Review,* Vol. 16, No. 2, 1973, pp. 44-53.

22 Mintzberg, H., *Structure in Fives: Designing Effective Organizations,* Englewood Cliffs, NJ: Prentice-Hall, 1983.

23 Nonaka, I., "Toward Middle-Up-Down Management : Accelerating Information Creation," *Sloan Management Review,* Vol. 29, No. 3, 1988, pp. 57-73.

24 Nonaka, I., "Dynamic Theory of Organizational Knowledge Creation," *Organization Science,* Vol. 5, No. 1, 1994, pp. 14-37.

25 Nonaka, I., and H. Takeuchi, *The Knowledge-Creating Company : How Japanese Companies Create the Dynamics of Innovation,* Oxford : Oxford University Press, 1995.

26 Numagami, T., "The Infeasibility of Invariant Laws in Management Studies : A Reflective Dialogue in Defense of Case Studies," *Organization Science,* Vol. 9, No. 1, 1998, pp. 2-15.

27 Pennings, J. M., "Structural Contingency Theory," in Drenth, P. J. D., H. Thierry, and C. J. de Wolff, (eds.), *Organizational Psychology,* East Sussex, UK : Psychology Press, 1998, pp. 39-60.

28 Perrow, C., "A Framework for the Comparative Analysis of Organizations," *American Sociological Review,* Vol. 32, pp. 194-208.

29 Polanyi, M., *The Tacit Dimension,* London : Routledge & Kegan Paul, 1966.

30 Porter, M. E., *Competitive Strategy,* New York : Free Press, 1980.

31 Prigogine, I., and I. Stengers, *Order out of Chaos : Man's New Dialogue with Nature,* New York : Bantam Books, 1984.（伏見康治・伏見　譲・松枝秀明訳『混沌からの秩序』みすず書房、一九八七年。）

32 Pugh, D. S., and D. J. Hickson, *Organizational Structure in Its Context : The Aston Programme 1,* Farnborough, Hants : Saxon House, 1976.

33 Rumelt, R. P., *Strategy, Structure, and Economic Performance, Boston,* MA : Division of Research, Harvard Business School, 1974.

34 Schmalensee, R., "Do Markets Differ Much ?" *American Economic Review,* Vol. 75, June 1985, pp. 341-351.

35 Schoonhoven, C. B., "Problems with Contingency Theory : Testing Assumptions Hidden within the Language of Contingency 'Theory'," *Administrative Science Quarterly,* Vol. 26, No. 3, 1981, pp. 349-377.

36 Thompson, J. D., *Organization in Action*, New York : McGraw-Hill, 1967.
37 Weick, K. E., *The Social Psychology of Organizing*, 2nd Ed., New York : Random House, 1979.
38 Williamson, O. E., *Markets and Hierarchies : Analysis and Antitrust Implications*, New York, Free Press, 1975.
39 Woodward, J., *Industrial Organization : Theory and Practice*, London : Oxford University Press, 1965.

日本語文献

1 加護野忠男『経営組織の環境適応』白桃書房、一九八〇年。
2 加護野忠男「経営組織論の新展開」『国民経済雑誌』第一四三巻第四号、一九八一年。
3 加護野忠男『組織認識論――企業における創造と革新の研究――』千倉書房、一九八八年。
4 加護野忠男・野中郁次郎・榊原清則・奥村昭博『日米企業の経営比較――戦略的環境適応の理論――』日本経済新聞社、一九八三年。
5 加護野忠男・上野恭裕・吉村典久「本社の付加価値」『組織科学』第四〇巻第二号、二〇〇六年。
6 野中郁次郎『組織と市場――組織の環境適合理論――』千倉書房、一九七四年。
7 野中郁次郎・加護野忠男・小松陽一・奥村昭博・坂下昭宣『組織現象の理論と測定』千倉書房、一九七八年。
8 野中郁次郎『企業進化論――情報創造のマネジメント――』日本経済新聞社、一九八五年。
9 野中郁次郎『知識創造の経営――日本企業のエピステモロジー――』日本経済新聞社、一九九〇年。
10 沼上 幹『行為の経営学――経営学における意図せざる結果の探究――』白桃書房、二〇〇〇年。
11 沼上 幹・軽部 大・加藤俊彦・田中一弘・島本 実『組織の〈重さ〉――日本的企業組織の再点検――』日本経済新聞社、二〇〇七年。
12 榊原清則「組織の環境認識の構造：ドメイン・ユニバースの理論」『組織科学』第二〇巻第二号、一九八六年。
13 竹内弘高・榊原清則・加護野忠男・奥村昭博・野中郁次郎『企業の自己革新：カオスと創造のマネジメント』中央公論社、一九八六年。

14　吉原英樹・佐久間昭光・伊丹敬之・加護野忠男『日本企業の多角化戦略』日本経済新聞社、一九八一年。

六　ステークホルダー論の組織観

外国語文献

1　Bowie, N. E., and P. H. Werhane, *Management Ethics*, Blackwell Publishing, 2005.

2　Clarkson, M. B. E. (ed.), *The Corporation and Its Stakeholders : Classic and Contemporary Readings*, University of Tronto Press, 1998.

3　Clarkson, M. B. E., "A Stakeholder Framework for Analyzing and Evaluating Corporate Social Performance," *Academy of Management Review*, Vol. 20, No. 1, 1995.

4　Donaldson, T., and L. E. Preston, "The Stakeholder Theory of the Corporation : Concepts, Evidence, and Implications," *Academy of Management Review*, Vol. 20, No. 1, 1995.

5　Freeman, R. E., "Strategic Management : A Stakeholder Approach," in *Advances in Strategic Management* (Vol.1), JAI Press, 1983.

6　Freeman, R. E., *Strategic Management : A Stakeholder Approach*, Pitman, 1984.

7　Freeman, R. E., "The Politics of Stakeholder Theory : Some Future Directions," *Business Ethics Quarterly*, Vol. 4, Issue. 4, 1994.

8　Freeman, R. E., "The Development of Stakeholder Theory : An Idiosyncratic Approach," in Smith, K. G., and Hitt, M. A. (eds.), *Great Minds in Management : The Process of Theory Development*, Oxford University Press, 2005.

9　Freeman, R. E., "A Stakeholder Theory of the Modern Corporation," in Beauchamp, T. L., N. E. Bowie, and D. G. Arnold (eds.), *Ethical Theory and Business* (8th ed.), Pearson Prentice Hall, 2009.

10 Freeman, R. E., J. S. Harrison, and A. C. Wicks, *Managing for Stakeholders: Survival, Reputation, and Success,* Yale University Press, 2007.

11 Goodpaster, K. E., "Business Ethics and Stakeholder Analysis," *Business Ethics Quarterly,* Vol. 1, Issue 1, 1991.

12 Mitchell, R. K., B. R. Agle, and D. J. Wood, "Toward a Theory of Stakeholder Identification and Salience: Defining the Principle of Who and What Really Counts," *Academy of Management Review,* Vol. 22, No.4, 1997.

13 Phillips, R., *Stakeholder Theory and Organizational Ethics,* Berrett-Koehler Publishers, 2003.

14 Phillips, R., "Stakeholder Legitimacy," *Business Ethics Quarterly,* Vol. 13, Issue 1, 2003.

15 Post, J. E., L. E. Preston, and S. Sachs, *Redefining the Corporation: Stakeholder Management and Organizational Wealth,* Stanford University Press, 2002.

16 Rhenman, E., *Industrial Democracy and Industrial Management,* Tavistock Publications, 1968.

17 Rhenman, E., *Organization Theory for Long-Range Planning,* John Wiley & Sons, 1973.

18 Rosenthal, S. B., and R. A. Buchholz, *Rethinking Business Ethics: A Pragmatic Approach,* Oxford University Press, 2000.（岩田　浩・石田秀雄・藤井一弘訳『経営倫理学の新構想――プラグマティズムからの提言――』文眞堂、二〇〇一年。）

日本語文献

1 神戸大学経営学研究室編『経営学大辞典（第二版）』「組織間関係」の項目（山倉健嗣による執筆）、中央経済社、一九八九年。

2 藤井一弘「コーポレート・ガバナンスの一側面――取締役の忠実義務に関連して――」『経営情報研究――摂南大学経営情報学部論集――』第一二巻第一号、二〇〇四年。

3 藤井一弘「経営倫理への視点――最近の関連文献の検討から――」『経営情報研究――摂南大学経営情報学部論集――』

第一二巻第二号、二〇〇五年。
4 藤井一弘「経営と公共性」『経営情報研究――摂南大学経営情報学部論集――』第一五巻第二号、二〇〇八年。
5 藤井一弘「関係としての企業」『経営情報研究――摂南大学経営情報学部論集――』第一六巻第二号、二〇〇九年。
6 松野 弘・堀越芳昭・合力知工編著『企業の「社会的責任論」の形成と展開』ミネルヴァ書房、二〇〇六年。
7 水村典弘『現代企業とステークホルダー――ステークホルダー型企業モデルの新構想――』文眞堂、二〇〇四年。
8 水村典弘『ビジネスと倫理――ステークホルダー・マネジメントと価値創造――』文眞堂、二〇〇八年。
9 宮坂純一『ステイクホルダー・マネジメント――現代企業とビジネス・エシックス――』晃洋書房、二〇〇〇年。
10 宮坂純一『企業は倫理的になれるのか』晃洋書房、二〇〇三年。

七 組織学習論の組織観の変遷と展望

外国語文献

1 Argyris, C. and D. Schön, *Organizational Learning : A Theory of Action Perspective*, Reading, MA., Addison-Wesley, 1978.
2 Cohen, M. D. and L. S. Sproull, eds., *Organizational Learning*, Thousand Oaks, California, Sage, 1996.
3 Dierkes, M., A. Berthoin Antal, J. Child and I. Nonaka, *Handbook of Organizational Learning & Knowledge*, New York, Oxford University Press, 2001.
4 Lave, J. and E. Wenger, *Situated Learning : Legitimate Peripheral Participation*, Cambridge University Press, 1991.（佐伯 胖訳『状況に埋め込まれた学習――正統的周辺参加――』産業図書、一九九三年。）
5 Harvard Business School Press, *Harvard Business Review Anthology: Organizational Learning*, Boston, MA., Harvard Business School Press, 1977, 1991, 1993, 1994, 2000, 2001, 2004, 2005, 2006.（DIAMOND ハーバード・ビジネス・レビュー編集部編訳『組織能力の経営論――学び続ける企業のベスト・プラクティス――』

ダイヤモンド社、二〇〇七年。）
6 Senge, P. M., *The Fifth Discipline,* New York, Doubleday/Currency, 1990.（守部信之訳『最強組織の法則』徳間書店、一九九五年。）
7 Wenger, E., R. McDermott and W. M. Snyder, *Cultivating Communities of Practice,* Boston, Mass, Harvard Business School Press, 2002.（野村恭彦監修・野中郁次郎解説・櫻井祐子訳『コミュニティ・オブ・プラクティス――ナレッジ社会の新たな知識形態の実践――』翔泳社、二〇〇二年。）

日本語文献

1 安藤史江『組織学習と組織内地図』白桃書房、二〇〇一年。
2 安藤史江「組織とラーニング」二村敏子編『現代ミクロ組織論――その発展と課題――』有斐閣、二〇〇四年、一九九―二一八頁。
3 安藤史江「自律的な個が紡ぎ出す「見えざる組織」の時代へ」日置弘一郎・二神恭一編『コラボレーション組織の経営学』中央経済社、二〇〇八年、一三一―三六頁。
4 金城辰夫『学習心理学』放送大学教育振興会、一九九二年。

Ⅴ　資　料

経営学史学会第十七回全国大会実行委員長挨拶

辻村宏和

経営学史学会第十七回全国大会は、二〇〇九年五月十五日（金）から十七日（日）にわたって、名古屋駅からJRで六分の鶴舞駅前に構える中部大学名古屋キャンパスにおいて開催されました。同キャンパスは中部大学発祥の地（名古屋第一工学校として一九三八年創立）で、現在は主に学校法人本部、中部大学技術医療専門学校、中部大学大学院経営情報学研究科サテライトキャンパス（経営情報学専攻及び経営学専攻）として機能しています。

さて、今大会では統一論題が、セオリー・オリエンティッドな本学会ならではの、待ちに待った「経営理論と組織概念」に設定されました。それは、組織概念を分析対象にする研究者あるいは組織概念を分析道具にする研究者にとりまして一度は、いつかは、論戦を挑まなければならないテーマだったかと存じます。統一論題は「①組織概念の学史的変遷」と「②現代経営理論と組織論の展開」という二つのサブテーマに分解され、基調報告一名、サブテーマ①②それぞれ三名づつの計七名の報告が行われました。

それらは、基調報告「経営理論における組織概念の生成と展開」（甲南大学・庭本佳和氏）、サブテーマ①〔アメリカ〕「組織の概念—アメリカ経営学における学史的変遷—」（中京大学・中條秀治氏）、同①〔ドイツ〕「ドイツ経営組織論の潮流と二つの組織概念」（中央大学・丹沢安治氏）、同①〔ポスト官僚制組織概念〕「ヴェーバー官僚制再考」（日本大学・小阪隆秀氏）、同②〔実証的戦略研究の組織観〕「実証的戦略研究の組織観：日本企業の実証研究を中心として」（一橋大学・沼上幹氏）、同②〔組織学習論の組織観〕「組織学習論の組織観の変遷と展開」（南山大学・安藤史江氏）、同②〔ステークホルダー論の組織観〕「ステークホルダー論の組織観」（摂南大学・藤井一弘氏）、といったラインナップです。

全国大会にもかかわらず一報告につき「報告三〇分、討論二〇分、質疑三〇分」もの時間が充当されるのが大会プログラムの恒例で、本学会は経営系学会の中でもコアなセオリストを多数擁するため、いくつかの報告においてアクティブで、ときとしてアグレッシブな議論が交わされました。ちなみに自由論題報告者は三名です。「統一論題のまとめと大会総括」にて高橋由明理事長から、大会参加者数の最高記録（一三五名）を達成したことなどに言及していただきましたように、三日間にわたる全国大会は、何とか成功裡に幕を閉じた次第です。部会レベルのプロデュース・ノウハウしか持ち合わせていない中部大学スタッフ（辻村の他に、寺澤朝子会員、趙偉会員）が本大会を盛会に導けましたのも、大会準備がスタートして以来ずっと、実に懇切丁寧なアドバイスを下さった学会事務局の海道ノブチカ先生、渡辺敏雄先生のおかげにございます。この場をお借りして、心よりお礼申し上げます。

第十七回大会をふりかえって

岩田　浩

経営学史学会第十七回大会は、二〇〇九年五月十五日（金）から十七日（日）まで中部大学（名古屋キャンパス）で開催された。今回の統一論題は『経営理論と組織概念』であり、そのサブテーマとして「組織概念の学史的変遷」と「現代経営理論と組織論の展開」の二つが立てられた。

十六日（土）午前、三会場における三つの自由論題報告のあと、大会実行委員長の辻村宏和会員による開会の辞が、続いて庭本佳和会員による「経営理論における組織概念の生成と展開」と題する基調報告がなされた。引き続き、統一論題について二日間にわたり六つの報告が行われた。初日には、サブテーマ①「組織概念の学史的変遷」をめぐり、アメリカ経営学、ドイツ経営学、ポスト官僚制論の視点から考究した三つの報告がなされた。まず、アメリカに関しては中條秀治会員による「組織の概念――アメリカ経営学における学史的変遷――」、ドイツに関しては丹沢安治会員による「ドイツ経営組織論の潮流と二つの組織概念」、そして官僚制に関しては小阪隆秀会員による「ヴェーバー官僚制論再考――ポスト官僚制組織概念と組織人の自由――」といった報告がなされた。翌日には、サブテーマ②「現代経営理論と組織論の展開」をめぐり三つの報告が行われた。まず、戦略論の立場から沼上幹会員による「実証的戦略研究の組織観：日本企業の実証研究を中心として」、組織学習論の立場から安藤史江会員による「組織学習論の組織観の変遷と展望」、そして組織論の立場から藤井一弘会員による「ステークホルダー論の組織観」と題する報告がなされた。両日のセッションとも、これまで経営学が分析対象としての組織概念にどのように向き合ってきたか、そしてどのような分析道具たる組織観に立って新たな理論研究を切り拓いてきたか、を改めて考えさせる充実した内容であった。

自由論題に関しては、三つの会場で計六名の報告があった。内容としては、組織論・管理論関連が三つ、ドイツ経営学関連が二つ、フランス経営学関連が一つであり、それぞれ意欲的に取り組んだ研究報告がなされた。

総会では、一年間の活動報告と会計報告、そして次回大会が福岡大学で開催されることが告げられた後、経営学史学会賞の審査報告があった。本年度の学会賞著書部門は、大橋昭一・竹林浩志会員の『ホーソン実験の研究』（同文舘出版）と平田光弘会員の『経営者自己統治論――社会に信頼される企業の形成』（中央経済社）の二作品に、論文部門奨励賞は、矢口義教会員の「企業戦略としてのＣＳＲ――イギリス石油産業の事例から」（『現代経営学の新潮流』文眞堂、所収）に贈られた。

あいにくの雨空にもかかわらず、今大会が首尾よく執り行えたのも、辻村大会委員長をはじめ寺澤朝子・趙偉大会委員の先生方、そして学生諸君ほか中部大学の皆様方のご尽力の御蔭である。衷心より感謝申し上げます。

第十七回大会のプログラムは、次の通りである。

五月十六日（土）

【自由論題】（報告三〇分、チェアパーソンのコメント一〇分、質疑応答二〇分）

Ａ会場（六階六一〇講義室）

九：三〇―一〇：三〇　聞間　理（九州産業大学）「組織成員性の構築プロセスと組織概念」

チェアパーソン・岩田　浩（追手門学院大学）

Ｂ会場（五階五一〇講義室）

九：三〇―一〇：三〇　山口隆之（関西学院大学）「フランス中小企業研究の潮流」

チェアパーソン・小山嚴也（関東学院大学）

C会場（六階六〇九講義室）

九：三〇―一〇：三〇　チン・トウイ・フン（中央大学・院生）「キャリア開発における動機づけ理論の適用可能性――デシの「内発的動機づけ理論」の検討を中心に――」

チェアパーソン・大平義隆（北海学園大学）

【開会・基調報告】（六階大ホール）

一〇：四〇―一一：〇五　開会の辞：大会実行委員長　辻村宏和（中部大学）

基調報告：庭本佳和（甲南大学）「経営理論における組織概念の生成と展開」

司会者：高橋由明（中央大学）

【統一論題】（六階大ホール）（報告三〇分、討論二〇分、質疑応答三〇分）

一一：〇五―一二：二五　サブテーマ①組織概念の学史的変遷〔アメリカ〕

中條秀治（中京大学）「組織の概念――アメリカ経営学における学史的変遷――」

討論者：吉原正彦（青森公立大学）

司会者：西岡健夫（追手門学院大学）

一三：二五―一四：四五　サブテーマ①組織概念の学史的変遷〔ドイツ〕

丹沢安治（中央大学）「ドイツ経営組織論の潮流と二つの組織概念」

討論者：海道ノブチカ（関西学院大学）

司会者：渡辺敏雄（関西学院大学）

一四：五〇―一六：一〇　サブテーマ①組織概念の学史的変遷〔ポスト官僚制組織概念〕

小阪隆秀（日本大学）「ヴェーバー官僚制論再考」
討論者：高橋正泰（明治大学）
司会者：榊原研互（慶應義塾大学）

【会員総会】（六階大ホール）
一六：二〇―一七：五〇
【懇親会】（六階六一〇講義室）
一八：〇〇―二〇：〇〇

五月十七日（日）

【自由論題】（報告三〇分、チェアパーソンのコメント一〇分、質疑応答二〇分）

A会場（六階六一〇講義室）
九：一五―一〇：一五　清水一之（明治大学）「一九九〇年代以降のドイツ経営経済学の新たな動向：ピコーの所説に依拠して」
チェアパーソン・平田光弘（前・星城大学）

B会場（五階五一〇講義室）
九：一五―一〇：一五　松嶋　登（神戸大学）「制度的企業家のディスコース」
チェアパーソン・磯村和人（中央大学）

C会場（六階六〇九講義室）
九：一五―一〇：一五　柴田　明（香川大学）「ドイツ経営管理論におけるシステム・アプローチの展開――ザンクト・ガレン学派とミュンヘン学派の議論から――」

チェアパーソン・渡部直樹（慶応義塾大学）

【統一論題】

一〇：三〇―一一：五〇　サブテーマ②現代経営理論と組織論の展開〔実証的戦略研究の組織観〕

沼上　幹（一橋大学）「実証的戦略研究の組織観：日本企業の実証研究を中心として――」

討論者：岸田民樹（名古屋大学）

司会者：佐々木利廣（京都産業大学）

一二：五〇―一四：一〇　サブテーマ②現代経営理論と組織論の展開〔組織学習論の組織観〕

安藤史江（南山大学）「組織学習論の組織観の変遷と展望」

討論者：三井　泉（日本大学）

司会者：福永文美夫（久留米大学）

一四：一五―一五：三五　サブテーマ②現代経営理論と組織論の展開〔ステークホルダー論の組織観〕

藤井一弘（摂南大学）「ステークホルダー論の組織観」

討論者：小笠原英司（明治大学）

司会者：菊澤研宗（慶応義塾大学）

【大会総括・閉会の辞】（六階大ホール）

一五：三五―一六：〇〇　大会総括：理事長　高橋由明（中央大学）

閉会の辞：大会実行委員長　辻村宏和（中部大学）

執筆者紹介（執筆順　肩書には大会後の変化が反映されている）

庭《にわ》本《もと》佳《よし》和《かず》（甲南大学会計大学院教授）
主著『バーナード経営学の展開』文眞堂、二〇〇六年
主要論文「バーナードの方法＝行為主体的把握」『経営哲学』第六巻二号、二〇〇九年

丹《たん》沢《ざわ》安《やす》治《はる》（中央大学専門職大学院戦略経営研究科、総合政策学部併任教授）
主要論文「デジタル家電産業におけるビジネスモデルによる競争」機械振興協会『デジタル家電産業におけるグローバル活動の新展開と国際競争力』機械工業経済研究報告書H20―2、二〇〇九年、四章
「イノベーション創出戦略としての中国における校弁企業の展開――新たな産業集積の理論と検証――」丹沢安治編著『中国における企業と市場のダイナミクス』中央大学政策文化総合研究所研究叢書、中央大学出版部、二〇〇九年

小《こ》阪《さか》隆《たか》秀《ひで》（日本大学教授）
主要論文「ウェーバー官僚制組織論研究の一視角」日本経営学会編〔経営学論集53〕千倉書房、一九八三年
「経営組織と官僚制」稲村　毅・百田義治編著『現代組織の論理と変革』ミネルヴァ書房、二〇〇五年

中《ちゅう》條《じょう》秀《ひで》治《はる》（中京大学教授）
主著『組織の概念』文眞堂、一九九八年
『株式会社新論――コーポレート・ガバナンス序説――』文眞堂、二〇〇五年

沼上《ぬまがみ》　幹《つよし》（一橋大学大学院商学研究科教授）
　主著『行為の経営学』白桃書房、二〇〇〇年
　　『経営戦略の思考法』日本経済新聞社、二〇〇九年

藤井《ふじい》　一弘《かずひろ》（青森公立大学教授）
　主要論文「バーナードのオートポイエティックな視点――『経営者の役割』第十三・十四章の記述から――」河野大機・吉原正彦編『経営学パラダイムの探求――人間協働この未知なるものへの挑戦――』文眞堂、二〇〇一年、第一七章
　「バーナード『経営者の役割』における『マネジメント』」『経営情報研究――摂南大学経営情報学部論集――』第十三巻第二号、二〇〇六年

安藤《あんどう》　史江《ふみえ》（南山大学大学院ビジネス研究科准教授）
　主著『組織学習と組織内地図』白桃書房、二〇〇一年
　　『コア・テキスト　人的資源管理』新世社、二〇〇八年

聞間《ききま》　理《おさむ》（九州産業大学准教授）
　主要論文「コミュニケーション・レベルの混乱」『経営学論集』第十五巻第三号、二〇〇五年
　「組織の基盤としての「自己」」日本経営学会編『経営学論集　第七十九集　日本企業のイノベーション』千倉書房、二〇〇九年

松嶋《まつしま》　登《のぼる》（神戸大学大学院経営学研究科准教授）
　主要論文　松嶋　登・浦野充洋「制度変化の理論化：制度派組織論における理論的混乱に関する一考察」『国民経済雑誌』第一九六巻第四号、二〇〇七年
　松嶋　登・水越康介「制度的戦略のダイナミズム：オンライン証券業界における企業間競争と市場の創発」『組織科学』第四二巻第二号、二〇〇八年

チン・トウイ・フン（中央大学大学院商学研究科博士後期課程）

清《し》水《みず》一《かず》之《ゆき》（明治大学講師）

翻訳 Zugehör, R., *„Die Zukunft des rheinischen Kapitalismus, Unternehmen zwischen Kapitalmarket und Mitbestimmung"*, Leske + Budrich, Opladen, 2003.（R・ツーゲヘア著、風間信隆監訳、風間信隆・松田 健・清水一之訳『ライン型資本主義の将来――資本市場・共同決定・企業統治――』文眞堂、二〇〇八年）

主要論文「フォルクスワーゲン――共同決定法と資本市場――」高橋俊夫編著『ＥＵ企業論――体制・戦略・社会性――』中央経済社、二〇〇八年、第五章

柴《しば》田《た》明《あきら》（香川大学准教授）

主要論文「マネジメント論におけるオートポイエーシス理論の可能性――ドイツ語圏経営経済学における議論を中心に――」『日本経営学会誌』第二一号、二〇〇八年

「進化的マネジメント論再考――ザンクト・ガレン・アプローチの批判的検討――」『経営哲学』第三巻、二〇〇六年

山《やま》口《ぐち》隆《たか》之《ゆき》（関西学院大学教授）

主著『中小企業の理論と政策――フランスにみる潮流と課題――』森山書店、二〇〇九年

主要論文「イノベーション政策と起業支援――フランスにおける課題と展望――」『商学論究』第五六巻二号、二〇〇八年

経営学史学会年報掲載論文（自由論題）審査規定

一　本審査規定は本学会の年次大会での自由論題報告を条件にした論文原稿を対象とする。

二　編集委員会による形式審査

原稿が著しく規定に反している場合、編集委員会の責任において却下することができる。

三　査読委員の選定

査読委員は、原稿の内容から判断して適当と思われる会員二名に地域的バランスも配慮して、編集委員会が委嘱する。なお、大会当日の当該報告の討論者には査読委員を委嘱しない。また会員に適切な査読者を得られない場合、会員外に査読者を委嘱することができる。なお、原稿執筆者と特別な関係にある者（たとえば指導教授、同門生、同僚）には、査読者を委嘱できない。

なお、査読委員は執筆者に対して匿名とし、執筆者との対応はすべて編集委員会が行う。

四　編集委員会への査読結果の報告

査読委員は、論文入手後速やかに査読を行い、その結果を三〇日以内に所定の「査読結果報告書」に記入し、編集委員会に査読結果を報告しなければならない。なお、報告書における「論文掲載の適否」は、次のように区分する。

①適

②条件付き適⑴：査読委員のコメントを執筆者に返送し、再検討および修正を要請する。再提出された原稿の修正確認は編集委員会が負う。

③条件付き適⑵：査読委員のコメントを執筆者に返送し、再検討および修正を要請する。再提出された原稿は査読委員が再査読し、判断する。

④不適

五　原稿の採否

編集委員会は、査読報告に基づいて、原稿の採否を以下のようなルールに従って決定する。

①査読者が二名とも「適」の場合、掲載を可とする。

②査読者一名が「適」で、他の一名が「条件付き⑴」の場合は、執筆者の再検討・修正を編集委員会が確認した後、掲載の措置をとる。

③査読者一名が「適」で、他の一名が「条件付き⑵」の場合は、執筆者の再検討・修正を、査読者が再読・確認したとの報告を受けた後、掲載の措置をとる。

④査読者二名とも「条件付き⑴」の場合、あるいは査読者一名が「条件付き⑴」で他の一名が「条件付き⑵」の場合、また査読者が二名とも「条件付き⑵」の場合は、執筆者が再検討・修正のそれぞれの条件を満たしたことを編集委員会が確認した後、掲載の措置をとる。

⑤査読者一名が「条件付き⑴または⑵」で、他の一名が「不適」の場合、後者に再検討・修正後の投稿原稿を再査読することを要請するとともに、執筆者の反論をも示し、なお「不適」の場合には編集委員会がその理由を確認して、原則的には不掲載の措置をとる。ただし再査読後、編集委員会が著しく「不適理由」を欠くと判断した場合は、大会報告時の討論者の意見も参考にして、編集委員会の責任で採否を決定し、掲載・不掲載の措置をとる。

⑥査読者一名が「適」で、他の一名が「不適」の場合、大会報告時の討論者の意見、執筆者の反論をも考慮して、編集委員会の責任で採否を決定し、掲載・不掲載の措置をとる。

⑦査読者が二名とも「不適」の場合、掲載を不可とする。

六　執筆者への採否の通知

編集委員会は、原稿の採否、掲載・不掲載の決定を、執筆者に文書で通知する。

経営学史学会

年報編集委員会

委員長　庭本佳和（甲南大学教授）
委員　高橋由明（中央大学教授）
委員　吉原正彦（青森公立大学教授）
委員　岩田　浩（追手門学院大学教授）
委員　丹沢安治（中央大学教授）
委員　西岡健夫（追手門学院大学教授）
委員　山口隆之（関西学院大学教授）
委員　渡辺敏雄（関西学院大学教授）

編集後記

経営学史学会年報第十七輯は「経営学の展開と組織概念」というタイトルのもとに、当学会第十七回全国大会の基調報告論文を含めた統一論題報告論文七本と自由論題報告論文六本をもって編集されている。経営学の発展史を主たる研究対象にする経営学史は、個々の学説研究がその前提であるにしても、その単なる集積ではない。経営学史は、同時代の学説間の関係はもちろん、歴史的コンテクストを考慮しつつ時代を超えてそれらの関係を考察し、比較研究することから現代的意味を引き出すところに、その学問的意義がある。

このような経営学史にとって、「経営学の展開と組織概念」に視点を据えて編集された本年報は、その学問的性格に照らしても、実に相応しい研究内容を展開するものとなった。とりわけ、大会サブテーマ「組織概念の学史的変遷」に焦点を合わせた諸論文は、経営学の歴史的研究である経営学史の特徴が鮮明に現れている。しかし、本年報におけるそれら論文の役割は、それに終わらない。その使命は、何よりも経営現象の中核をなす組織現象を、これまでの経営理論はどのような組織概念で捉えてきたかを析出することにあるからだ。徒手空拳でこれをなし遂げた先人のおかげで、幾つかの組織概念が確立し、現在に至るその後の研究は、これを直面する組織現象を把握し分析する武器として活用することができる。「現代経営理論と組織論の展開」という問題意識のもとに編集された諸論文はこの点に光を当て、特に現代経営学の先端的研究である「実証的戦略研究」、「組織学習論」、「ステークホルダー論」が、どのような組織観に立脚して論を展開しているか、に迫っている。

自由論題論文も出揃った。一定水準を超える論文が多かったとはいえ、これもお忙しい中を査読を快く引き受けて下さった諸先生のおかげである。また、体調不良で動きの悪い編集長を全面的に支えてくれる関西学院大学の事務局体制とご協力いただいた文眞堂の方々にも深く感謝せねばならないだろう。

（庭本佳和）

// THE ANNUAL BULLETIN
of
The Society for the History of Management Theories

No. 17 May, 2010

Development of Management Theory and Concept of Organization

Contents

Preface
Yoshiaki TAKAHASHI (Chuo University)

I **Meaning of the Theme**

II **Management Theory and Concept of Organization**

1 Development of Management Theory with Relation Concept of Organization
Yoshikazu NIWAMOTO (Konan University)

2 The Development of the Organization Researches in Germany
Yasuharu TANZAWA (Chuo University)

3 Reconsideration of the Bureaucracy Theory of Max Weber
Takahide KOSAKA (Nihon University)

4 Concepts of Organization : Theoretical Transformations in U.S. Management Theories
Hideharu CHUJO (Chukyo University)

5 What is an Organization?: A Perspective from the Japanese Empirical Strategy Research
Tsuyoshi NUMAGAMI (Hitotsubashi University)

6 How does the Stakeholder Theory Comprehend Organization ?
Kazuhiro FUJII (Setsunan University)

7 Recent Progress of Organizational Learning and its Future Prospect: From the Views of Organization
Fumie ANDO (Nanzan University)

Ⅲ Other Themes

8 A Historical Review of Conceptions of the Relationship between Organization and Organizational Members
Osamu KIKIMA (Kyushu Sangyo University)

9 Investigating the Discourse in Studies of Institutional Entrepreneurship
Noboru MATSUSHIMA (Kobe University)

10 The Connection of Motivation's Idea with Career Development: Based on the Intrinsic Motivation Theory by E. L. Deci
Thuy Huong TRINH (Chuo University)

11 Evolution of German Managerial Economics after 1990's: Refers to Picot's Research Paper
Kazuyuki SHIMIZU (Meiji University)

12 The Development of System Theory's Approach in German Management Theory: From the Discussion of St.Gallen School and Munich School
Akira SHIBATA (Kagawa University)

13 Trends of SMEs Research of France: A Managerial Approach
Takayuki YAMAGUCHI (Kwansei Gakuin University)

Ⅳ Literatures

Ⅴ Materials

Abstracts

Development of Management Theory with Relation Concept of Organization

Yoshikazu NIWAMOTO (Konan University)

Organizational phenomena and practice of management emerged with existence of human race. But the history of management theory is shorter than the practice, because it has the origin in a systematic study of big business, especially organization, since the Industrial Revolution. It is reason why the concept of organization is important in the study. German Management Theory that was established as business economics insist that the notion of business economy means organization now.

Management Process School that H. Fayol is the founder regard organization as structure, while C.I. Barnard grasps it as process of activities. Subsequent researchers can use two views of organization as a tool for analysis. Follow papers must show that empirical research on organization and strategy, theory of organizational learning, and theory of stakeholder base on which of these views of organization.

The Development of the Organization Researches in Germany

Yasuharu TANZAWA (Chuo University)

The organization researches in Germany have been affected in various respects by not only Scientific management and Fordism in the 1900's but also System Theory, Behavioral Science, and New Institutional Economics etc. after World War II. However, its hallmark is that these have developed in parallel with the methodological controversies. Thus at first, I review these organization researches methodologically, and extract two organization concepts: "Organization as the Nexus of Contracts" and "Organization as the Complex Systems." Finally, I attempt to integrate these two organization concepts.

Reconsideration of the Bureaucracy Theory of Max Weber

Takahide KOSAKA (Nihon University)

This article reexamines the freedom of the members of bureaucratic organizations —especially, the importance of the relationship between the rationality of bureaucratic organizations and the freedom of members within the organization. According to the theory of Weber, the development of bureaucratic organization was based inevitably on the ethics of Protestantism. As such, the bureaucrats accepted the surrender of both their freedom and their "free will." Therefore, as capitalism progresses, it is much more difficult for the members in the bureaucracy to regain the freedom previously surrender. In capitalist society, it is necessary and important for the members to expand their activities for achieving social freedom and community.

Concepts of Organization: Theoretical Transformations in U. S. Management Theories

Hideharu CHUJO (Chukyo University)

We can recognize the fact that there are two typological streams in the concepts of Organization. The first stream is a concept, that can be traced back to F.W. Taylor, and can be summarized as follows: In this concept the entity of a company is a precondition and the organization is a means. We find the idea that company is not identical to organization in almost all traditional management theories.

The second stream is a concept that can be traced back to C.I. Barnard, in which a company is referred to as a cooperative system, and the functional aspect of the cooperative system is identical to an organization. We find the idea that company is identified with organization in the system approach of management theories.

I reject the notion that a company is identical to an organization. I think we must distinguish Company from Organization, and I would like to introduce the new concept of 'Dantai', which is defined as a conceptual entity, to explain the essence of modern companies.

What is an Organization?: A Perspective from the Japanese Empirical Strategy Research

Tsuyoshi NUMAGAMI (Hitotsubashi University)

This paper explores the reason why the main-stream empirical organization theorists in Japan lost their interests in structural properties of organizations. Up until the early 1980s, there existed a strong research movement based on structural contingency theory in Japan. However, management researchers once strongly oriented toward organizational structure lost their enthusiasm for it, because (1) structural contingency theory was getting into an impasse of normal sciences, (2) alternative approaches to organizational structure did not help management researcher to delve into individual companies' organizational problems, (3) strategy and organizational culture are getting more and more popular in academics in the 1980s.

How does the Stakeholder Theory Comprehend Organization ?

Kazuhiro FUJII (Setsunan University)

It is generally said that the stakeholder theory has introduced ethical values into management, but the view is questionable. The theory was created on the basis of strategic management orientation. Therefore it depicts an image of organization as the one which consists of stakeholders identified by the managers and the managers themselves. This indicates managers' privilege.

This article denies such privilege and substitutes another concept of organization. Some relation comes into existence at first. Coincidently the subjects characterized by the relation (whatever it is) come into existence, too. Those subjects should be called "stakeholders". Thus an organization is a system of many relations.

Recent Progress of Organizational Learning and its Future Prospect: From the Views of Organization

Fumie Ando (Nanzan University)

What do you mean an organization learns? What is the entity of organizational learning? Answers to these questions will depend on the views of organization that researches take.

In this paper, I first mention that existed theories on organizational learning are divided into at least three groups from the views of organization. Then, I discuss the relationship between these three groups and hot themes newly emerging in this field, such as "communities of practice," "organizational improvisation" and "balance between exploration and exploitation." Lastly, this research suggests that (1) the views of organization will differ among organizational learning phases, and (2) newly themes tend to have interested in the effects of interaction between organizational members on organizational learning process, regardless of the views of organization.

経営学の展開と組織概念

経営学史学会年報　第17輯

二〇一〇年五月二十一日　第一版第一刷発行

検印省略

編　者　経営学史学会

発行者　前　野　弘

〒162-0041　東京都新宿区早稲田鶴巻町五三三

発行所　株式会社　文　眞　堂

電　話　〇三―三二〇二―八四八〇番
FAX　〇三―三二〇三―二六三八番
振　替　〇〇一二〇―二―九六四三七番

組版　オービット
印刷　平河工業社
製本　イマキ製本所

URL. http://wwwsoc.nii.ac.jp/08gakusi/index.html
http://www.bunshin-do.co.jp

落丁・乱丁本はおとりかえいたします

定価はカバー裏に表示してあります
ISBN978-4-8309-4673-8　C3034

●好評既刊

経営学の位相　第一輯

●主要目次

経営学の巨人　第二輯

●主要目次

日本の経営学を築いた人びと　第三輯

●主要目次

アメリカ経営学の潮流　第四輯

●主要目次

経営学研究のフロンティア 第五輯

●主要目次

経営理論の変遷　第六輯

●主要目次

経営学百年――鳥瞰と未来展望――　第七輯

●主要目次

組織管理研究の百年　第八輯

●主要目次

IT革命と経営理論　第九輯

●主要目次

現代経営と経営学史の挑戦——グローバル化・地球環境・組織と個人—— 第十輯

●主要目次

経営学を創り上げた思想　第十一輯

●主要目次

ガバナンスと政策——経営学の理論と実践——

第十二輯

●主要目次

企業モデルの多様化と経営理論——二十一世紀を展望して——　第十三輯

●主要目次

経営学の現在――ガバナンス論、組織論・戦略論――　第十四輯

●主要目次

現代経営学の新潮流——方法、CSR・HRM・NPO——　第十五輯

●主要目次

経営理論と実践　第十六輯

●主要目次